Der Einfluß des Krieges auf die Hauptverträge des Bürgerlichen Gesetzbuchs.

Unter besonderer Berücksichtigung des Dienstvertrags.

Von

Dr. Herbert Schmeißer.

Berlin 1915.
J. Guttentag, Verlagsbuchhandlung,
G. m. b. H.

Meinen Eltern!

Inhaltsangabe.

Quellen.

(Von den Aufsätzen in Zeitschriften sind hier nur die wichtigeren angeführt.)

Angestellte und der Krieg. Gesetz und Recht 1914, S. 571.
Asch, Die Räumungsklage unter den Kriegsnotgesetzen. JW. 1914, S. 853.
Baum, Der Einfluß des Kriegszustandes auf den Arbeitsvertrag. JW. 1914, S. 815.
—, Auflösung des Arbeitsverhältnisses bei Einberufung zum Kriegsdienst. Arbeitsrecht 1, Nr. 3/4, S. 135.
—, Der Einfluß des Krieges auf den Arbeitsvertrag und die Gewerbe- und Kaufmannsgerichte. G.= u. KG. XIX, 12, S. 409.
Becker, Privatlieferung und Kriegslieferung. JW. 1914, S. 1114.
Bredt, Juristische Kriegserinnerungen. DJZ. 1914, S. 1367.
Cosack, Lehrbuch, 2. Aufl.
Dernburg, Das bürgerliche Recht. 1. Bd., 1902.
Düringer, Über Kriegsklauseln. LZ. 1915, S. 9 ff.
Eckstein, Wie bewähren sich die Notgesetze? Sächs. Archiv f. Rechtspflege 1914, S. 497.
Eger, Rechtswirkungen der Mobilmachung und des Krieges auf die Eisenbahngüterbeförderung. DJZ. 1914, S. 1099.
Einwirkung des Krieges auf Verträge. Rundschau für G. m. b. H. 1914, S. 302.
Elster, Kriegsnot oder Kontraktbruch? Arbeitsrecht I, Nr. 3/4, S. 130.
Endemann, Lehrbuch, 6. Aufl.
Englisches Regierungsverbot über den Handelsverkehr mit Deutschland. G.- u. KG. XX, 1, S. 18.
Enneccerus, Schuldverhältnisse, 1. Bd., Teil 2, 6.—8. Aufl., 1912.
Entscheidungen des Reichsgerichts in Zivilsachen (RGZ.).
Entscheidungen des Reichsoberhandelsgerichts (ROHG.).
Fischer-Henle, BGB., 8. Aufl.
Flatow, Beiträge zum Mietrecht der Kriegsteilnehmer. JW. 1915, S. 75 ff.
Fuld, Krieg und Recht. Recht 1914, S. 525.
Gareis, HGB., 5. Aufl.
Glaser, Der Einfluß des Krieges auf Privatrechtsverhältnisse. Dresden 1914.
Goldmann, Erwiderung auf Kahns Aufsatz. JW. 1914, S. 808.
Güthe, Die Bestimmungen des Reichsgesetzes vom 4. August 1914 und der Bekanntmachungen des Bundesrats vom 7. und 18. August 1914 in ihrer praktischen Anwendung. Justizministerialblatt für preuß. Gesetzgebung und Rechtspflege 1914, S. 743.
Hachenburg, Die zivilrechtlichen Notgesetze. LZ. 1914, S. 1591.
Haftung der Post in Kriegszeiten. Gesetz und Recht 1914, S 573.

Hahn, Einfluß des Krieges auf Rechte und Verbindlichkeiten, auf Zivilprozeß und Konkurs. Gesetz und Recht 1914, S. 553.

Hasse, Mietverträge und der Krieg. DJZ. 1914, S. 1107.

Hueck, Einfluß des Krieges auf schwebende Lieferungsverträge. DJZ. 1914, S. 1168.

Kahn, Die vor dem 31. Juli 1914 entstandene Geldforderung. JW. 1914, S. 808, 860.

Kaufmann, Die Verordnung über die Folgen der nicht rechtzeitigen Zahlung einer Geldforderung. JW. 1914, S. 812.

Kisch, Die Wirkungen der nachträglich eintretenden Unmöglichkeit der Erfüllung bei gegenseitigen Verträgen. Jena 1900.

Kommentar von Reichsgerichtsräten, 1. Aufl. (RGRKomm.).

Krieg und Rechtsverkehr, zusammengestellt und herausgeg. von den Ältesten der Kaufmannschaft von Berlin, 1914.

Krückmann, Der Zuckerrübensamenprozeß und die herrschende Unmöglichkeitslehre. LZ. 1915, S. 95 ff.

Landmann, Komm. der Gewerbeordnung, 4. Aufl.

Lehmann, Heinrich, Grundlinien des deutschen Industrierechts.

Lehmann-Ring, Handelsgesetzbuch für das Deutsche Reich, 1. Aufl.

Löwenstein, Die Bedeutung der Kriegsklausel in Lieferungsverträgen. JW. 1914, S. 948.

Lotmar, Ist die Zugehörigkeit zu einem feindlichen Staate Entlassungsgrund? G.- u. KG. XX, 2, S. 41.

Mantel, Desgl., S. 49.

Meyerstein, Desgl., S. 46.

Mansfeld, Einfluß des Krieges auf Rechte und Verbindlichkeiten des bürgerlichen Rechts. Zeitschr. f. Rechtspfl. i. Bayern 1914, S. 349.

Menne, Krieg und Gehalt. DJZ. 1914, S. 1106.

Merkblatt des Landgerichts Karlsruhe. Badische Rechtspraxis 1914.

Militärgesetze des Deutschen Reiches, 1. Bd., Berlin 1890.

Motive zu dem Entwurf eines BGB. für das Deutsche Reich, Bd. 1 u. 2.

Neukamp, Der Einfluß des Krieges auf Lieferungsverträge. LZ. 1914, S. 1825.

Niendorff, Mietrecht.

Oertmann, Recht der Schuldverhältnisse, 3. u. 4. Aufl., 1905.

—, Einfluß von Mobilmachung und Kriegsausbruch auf vertragsrechtliche Verhältnisse. Bankarchiv 1914, S. 387.

—, Der Einfluß des Krieges auf das private Vertragsrecht. Recht 1914, S. 651.

—, Krieg und Arbeitsvertrag, G.- u. KG. XX, 1, S. 1.

—, Entlassung ausländischer Angestellter aus wichtigem Grund während der Kriegsdauer. Recht 1914, S. 632.

Planck, Kommentar, 4. Aufl., 1913/14.

Recht während des Krieges. Berlin 1914, Verlag Singer.

Rechtsschutz während des Krieges. Recht 1914, S. 530.

Recken, Die Kriegsklausel in Reklameverträgen. LZ. 1914, S. 1873.

Reigers, Die Kriegsklausel in Lieferungsverträgen. JW. 1914, S. 951.

Ritter, Komm. z. HGB.
Rosenthal, Die Einwirkung des Krieges auf Reklameverträge. DJZ. 1914, S. 1164.
Schneider, Vom Rechte in Kriegszeiten. DJZ. 1914, S. 1033.
Schiffer, Die deutschen Kriegsnotgesetze. DJZ. 1914, S. 1014.
Schulz, Das Mieteinigungsamt. G.- u. KG. XX, 3, S. 79.
Seelig, Die Kriegsklausel in Bühnenverträgen. Arbeitsrecht I, Nr. 3/4, S. 149.
Staadecker, Die Kriegsklausel in Lieferungsverträgen. JW. 1914, S. 848.
Staub, Komm. z. HGB., 9. Aufl., 1912.
Staudinger, Kommentar, 7./8. Aufl.
Stier-Somlo, Gewerbeordnung für das Deutsche Reich. Mannheim und Leipzig 1912.
Striemer, Bemerkungen zum zivilprozessualen Kriegsrecht. JW. 1914, S. 849.
Tägliche Rundschau.
Unser Recht in Kriegszeiten. Sonderausgabe der Rechtsblätter des Verbandes Deutscher Handlungsgehilfen zu Leipzig.
Wassermann, Krieg und Privatrechtsverhältnisse nach englischem Recht. JW. 1914, S. 807, 951.
—, Privatlieferung und Kriegslieferung. JW. 1914, S. 1005.

Zeitschriften:

Arbeitsrecht, I. Jahrg., Heft 3/4.
Badische Rechtspraxis.
Deutsche Juristenzeitung (DJZ.).
Deutsche Rechtsanwaltszeitung.
Gesetz und Recht.
Gewerbe- und Kaufmannsgericht (G.- u. KG.).
Juristische Wochenschrift (JW.).
Leipziger Zeitschrift (LZ.).
Recht.
Sächsisches Archiv für Rechtspflege.
Zeitschrift für Rechtspflege in Bayern.

Die Stoffsammlung wurde allgemein Ende 1914 geschlossen.

A. Art. 23h des Haager Abkommens über die Gesetze und Gebräuche des Landkriegs und das englische Recht.

„Es war in einem kleinen Neste vor Namur, da fragte mich einmal mein General, über welche Fächer ich eigentlich läse. Ich antwortete: Staatsrecht, Verwaltungsrecht, Kirchenrecht, Völkerrecht. Da lachte er und meinte: ‚Nun, über Völkerrecht können Sie ja jetzt famose Studien machen.' — — — Wir lachten und scherzten noch weiter, aber bei dem Ganzen wurde mir doch auf einmal klar, daß es tatsächlich nicht mehr ganz einfach ist, fernerhin den Studenten Völker-„Recht" mit ernstem Gesichte vorzutragen." So schreibt der Marburger Rechtslehrer Prof. Bredt in einem Feldpostbrief[1]) als Verwundeter aus einem Berliner Lazarett: „Die ganzen völkerrechtlichen Abmachungen haben sich auf seiten unserer Gegner nur als Papier erwiesen und obendrein recht brüchiges." Das hat sich auch darin gezeigt, wie diese das Haager Abkommen über die Gesetze und Gebräuche des Landkriegs vom 18. Oktober 1906 behandelt haben.

Ausdrücklich untersagt dessen Art. 23h die Aufhebung oder zeitweilige Außerkraftsetzung der Rechte und Forderungen von Angehörigen der Gegenpartei oder die Ausschließung ihrer Klagbarkeit. Auch England hat dieses Abkommen unterzeichnet und hat sich doch nicht gescheut, durch seinen leitenden Staatsmann Sir Edward Grey erklären zu lassen, „daß dadurch das englische Recht in keiner Weise berührt werde". Die Bestimmungen des englischen Rechtes aber lassen sich kurz dahin zusammenfassen[2]):

Die während des Krieges zwischen Angehörigen der kriegführenden Mächte abgeschlossenen Verträge sind nichtig. Auf Grund derselben kann auch nach Friedensschluß kein Anspruch mehr geltend gemacht werden.

---

[1]) Abgedruckt in der DJZ. 1914 S. 1367ff.

[2]) Vgl. Wassermann, JW. 1914 S. 807.

Die vor dem Kriege eingegangenen Verträge behalten ihre Gültigkeit, sie können aber während des Krieges nicht eingeklagt werden. Leistet der zur Leistung verpflichtete Engländer während des Krieges, so wird er wegen Hochverrats bestraft.

Diese Vorschriften hat die englische Regierung in der am 9. September 1914 erlassenen Kundgebung[3]), „den Handel mit dem Feind betreffend", aufrechterhalten und insofern ausgedehnt, als es nunmehr dem englischen Kaufmann nicht mehr erlaubt ist, Waren, die er vor dem Krieg von ausländischen Firmen geliefert erhalten hat, während des Krieges zu bezahlen; eine Verletzung dieser Bestimmung wird als Verbrechen bestraft.

Das Deutsche Reich hat sich dagegen gewehrt. Im Wege der Vergeltung, der durch das Haager Abkommen für erlaubt erklärt wurde, hat der Bundesrat durch Verordnung[4]) vom 30. September 1914 (RGBl. S. 421) verboten, „Zahlungen nach Großbritannien und Irland oder den britischen Kolonien und auswärtigen Besitzungen mittelbar oder unmittelbar, in Wechseln oder Schecks, durch Überweisung oder in sonstiger Weise zu leisten, sowie Geld oder Wertpapiere mittelbar oder unmittelbar nach den bezeichneten Gebieten abzuführen oder zu überweisen". Zuwiderhandelnde werden nach § 6 dieser Verordnung mit Gefängnis bis zu drei Jahren und mit Geldstrafe bis zu 50000 Mark oder mit einer dieser Strafen belegt. Auch hat der Bundesrat durch die Verordnung vom 10. August 1914 (RGBl. S. 367) die auf Grund des Gesetzes betreffend die Handelsbeziehungen zum britischen Reiche vom 13. Dezember 1913 (RGBl. S. 783) gewährte Meistbegünstigungsklausel wieder aufgehoben. Aber unsere Gesetzgeber sind nicht so weit gegangen, die Verträge zwischen Deutschen und Briten für nichtig zu erklären.

Daß man diese Mäßigung nur gutheißen kann, zeigt ein Blick auf die wirtschaftliche Lage beider Länder. Es betrug in Millionen Mark[5]):

---

[3]) Vgl. Wassermann, JW. 1914 S. 951.

[4]) Durch Bundesratsverordnung vom 20. Oktober 1914 auf Frankreich, 19. November 1914 auf Rußland ausgedehnt. Vgl. dazu Bekanntm. des Reichskanzlers vom 20. Dezember 1914.

[5]) Wassermann, JW. 1914 S. 807.

im Jahre	Deutschlands Ausfuhr nach England	Deutschlands Einfuhr aus England
1900	912	841
1913	1711	876

Deutschlands Ausfuhr nach England hat sich also seit der Wende des Jahrhunderts fast verdoppelt, während Englands Einfuhr nach Deutschland fast stehengeblieben ist. Würde das Deutsche Reich sämtliche Verträge mit Engländern für nichtig erklären und England dieselbe Maßregel auch für die vor dem Kriegsausbruch abgeschlossenen Verträge treffen, so würde der Schaden auf unserer Seite erheblich größer sein als der der Engländer.

Wieder und immer wieder behaupten unsere Feinde, durch diesen Weltkrieg solle die Welt von der Herrschaft des „preußischen Militarismus" befreit werden. In Wahrheit aber ist dieser Krieg ein Wirtschaftskrieg, angestiftet durch den Neid und die Furcht Englands, das sich dem deutschen Wettbewerbe nicht mehr gewachsen fühlte und ihn deshalb unterdrücken will. Schier unübersehbar sind im einzelnen die Einflüsse des Weltkrieges selbst und der durch ihn hervorgerufenen Notgesetze auf die wirtschaftsrechtlichen Verhältnisse, auf die bestehenden sowohl wie auf die neu zu begründenden. Ungezählte Fragen tauchen vor uns auf, die zum ersten Male seit dem Inkrafttreten des Bürgerlichen Gesetzbuchs gleichsam über Nacht brennend geworden sind. Diese, soweit sie sich auf die bestehenden Rechtsverhältnisse beziehen, in großen Zügen an unserem geistigen Auge vorüberzuführen, soll die Aufgabe der folgenden Betrachtungen bilden. In einem kurzen Anhang wird uns dann noch die Einwirkung der Kriegsnotgesetze beschäftigen.

Vorausgeschickt sei, daß das Deutsche Reich nicht wie die meisten anderen Staaten eine allgemeine Zahlungsstundung, ein sog. Moratorium, sondern nur gewisse Zahlungserleichterungen angeordnet hat.

B I. Der Einfluß des Krieges auf die Verträge im allgemeinen.

Ehe wir den Einfluß des Krieges auf die besonderen Schuldverhältnisse untersuchen, wollen wir uns kurz der Frage zuwenden, ob und inwieweit sich solche Einwirkungen auch auf das allgemeine Vertragsrecht geltend machen. Dabei werden wir uns hauptsächlich mit den gegenseitigen Verträgen als den Hauptverkehrsgeschäften zu befassen haben.

1. Die Einwirkung auf die Begründung des Vertrages.

Schon bei der Begründung des Vertrages zeigt sich der Einfluß des Krieges.

Unser Bürgerliches Gesetzbuch steht, was das Wirksamwerden des Antrags anlangt, auf dem Standpunkt der Zugangslehre[6]). Der Antrag wird erst rechtswirksam, wenn dem anderen Teile nach allgemeiner Lebenserfahrung die Möglichkeit geboten ist, Kenntnis von dieser Willenserklärung zu erhalten[7]). Von diesem Augenblick an ist der Antragende an seinen Antrag gebunden, ein Grundsatz, den § 145 BGB. aufstellt. Diese Gebundenheit kann natürlich nicht für unbegrenzte Zeit bestehen, und sie ist denn auch vom Gesetz zeitlich beschränkt worden.

Der einem Anwesenden gemachte Antrag kann nach der Bestimmung des § 147 BGB. nur sofort angenommen werden. Der einem Abwesenden gemachte Antrag aber kann nur bis zu dem Zeitpunkt angenommen werden, in dem der Antragende den Eingang der Antwort unter regelmäßigen Umständen erwarten darf (§ 147 II BGB.).

Der vom Gesetz bestimmte Zeitpunkt ist als das Ende eines Zeitraums anzusehen, der sich ergibt aus der Beförderungszeit des Antrags zum Antragsgegner, der Beförderungszeit der Antwort zum Antragenden und der dazwischenliegenden Zeit, die dem Antragsempfänger zum Überlegen gegeben werden muß (tempus modicum)[8]). Diese Frist wird sich nach dem Berufe

---

6) Motive I S. 157.

7) Staudinger, § 130 Anm. 3 S. 505.

8) Mot. I S. 170.

und der Persönlichkeit des Antragsgegners richten müssen, ein Kaufmann kann die Bedeutung eines Antrags besser abschätzen und demnach rascher antworten als ein Landwirt oder ein Arbeiter. Es muß auch berücksichtigt werden, ob der Antrag durch einfaches Ja angenommen werden kann oder ob erst die mitgeschickte Probe untersucht, Berechnungen angestellt, Erkundigungen eingezogen werden müssen. Wird der Antrag durch Brief übermittelt, so kann der Antragende annehmen, daß der Antragsempfänger zu Hause oder doch in der Wohnung eine Person anwesend ist, an welche die Sendung nach § 39 der Postordnung abgegeben werden kann. „Eine, wenn auch nur vorübergehende, Veränderung des Aufenthaltsorts des Empfängers liegt außerhalb der Grenzen der regelmäßigen Umstände. Der Antragende braucht damit als mit etwas Anormalem nicht zu rechnen."[9])

Gerade in Kriegszeiten können sich aus der Bestimmung des § 147 II BGB. mancherlei Härten ergeben.

Zu dem Zeitraum, innerhalb dessen sich der Antragende für gebunden erachten muß, ist, wie schon erwähnt, bei Übermittlung des Antrags durch Brief die zweimalige Beförderungszeit durch die Post einzurechnen. Die Post aber besorgt meist nur die Briefe vom Postkasten oder der Postanstalt zur Bahn und am Ankunftsort vom Bahnhof zur Post und dann zu den Empfängern. Für die dazwischenliegende Strecke hat dagegen die Bahn die Beförderung übernommen. Sie ist nach dem Eisenbahnpostgesetz von 1875 verpflichtet, einen Postwagen in die Züge einzustellen und die Briefe usw. zu befördern. Während des Kriegszustandes haben nun sämtliche Eisenbahnverwaltungen gemäß Art. 47 der Reichsverfassung „den Anforderungen der Behörden des Reiches in betreff der Benutzung der Eisenbahnen zum Zwecke der Verteidigung Deutschlands unweigerlich Folge zu leisten." Mit Beginn des dritten Mobilmachungstages tritt der Militärfahrplan in Kraft. Nur wenige Personenzüge verkehren noch, und dadurch entstehen auch in der Beförderung der Postsachen erhebliche Verzögerungen. Wer hat diese zu tragen? Muß sie der Antragsteller berücksichtigen?

§ 147 II BGB. sagt, der Antragsteller sei nur so lange ge-

---

[9]) RGZ. 59 S. 300.

bunden, als er unter regelmäßigen Umständen den Eingang der Antwort erwarten darf. Will er wegen besonderer Umstände länger gebunden sein, so muß er dies beim Antrag ausdrücklich erklären[10]).

In Kriegszeiten würde diese Auslegung große Härten mit sich bringen, und wir müssen deshalb versuchen, eine andere, mildere zu finden, und vor allem den Begriff „regelmäßige Umstände" einer Prüfung unterziehen. Wir haben unter diesem einen Zustand zu verstehen, der sich infolge einer längere oder kürzere Zeit hindurch dauernden gleichmäßigen Übung zu einer Gewohnheit umgebildet hat, die als so gewiß eintretend erscheint, daß wir mit ihr im Verkehrsleben rechnen können.

Der Krieg ist etwas Außergewöhnliches. Auch seine Folgen widersprechen jeder Gewohnheit. Aber wir müssen doch zugleich einsehen, daß diese zwar außergewöhnlichen Umstände während des Kriegszustandes mit mehr oder minder großer Regelmäßigkeit wiederkehren. Wir gewöhnen uns daran, daß täglich nur wenige Züge verkehren, daß wir zu Reisen von sonst halbtägiger Dauer Tage gebrauchen, daß wir unsere Postsachen mit Verspätungen erhalten. Kurz: wir gewöhnen uns an die jetzigen Zustände, weil sie, wenn sie auch außergewöhnlich sind, doch mit mehr oder minder großer Regelmäßigkeit wiederkehren. Das darf auch aufs Rechtsleben nicht ohne Einfluß bleiben. Es wäre eine Buchstabenauslegung, wollten wir dem Antragsteller gestatten, daß er den sonstigen Maßstab bei seinem Antrag anwendet und für die Postbeförderung zwei Tage rechnet, während sie in Wirklichkeit eine Woche dauert. Auch er hat die jetzigen unregelmäßigen Zustände als regelmäßig anzusehen und sich demgemäß länger gebunden zu fühlen. Er hat außer auf die Beförderungsschwierigkeiten auch darauf Rücksicht zu nehmen, daß der Post durch den Kriegsdienst eine Unmenge Beamte entzogen worden sind und daher auch im Betriebe der Postanstalt selbst Verzögerungen eintreten, daß statt viermal nur dreimal täglich Postsachen ausgetragen werden u. dgl. m. Ebenso hat er zu berücksichtigen, daß längere Zeit gewisse Telegraphenlinien für den Privatverkehr völlig gesperrt waren und daher z. B. die Aufforderung an den

---

[10]) RGZ. 59 S. 296; Planck, § 147 Anm. 3.

Antragsempfänger, telegraphisch Antwort zu geben, vollkommen unmöglich war.

Längere Zeit waren durch die Sperrung der wichtigsten Eisenbahnlinien manche Orte von jeder Postverbindung abgeschnitten, manche Festungen für jeden Verkehr gesperrt. Soll auch in diesen Fällen der Antragsteller sich für längere Zeit gebunden erachten müssen? Das ist zu verneinen. Die Verkehrseinschränkungen sind während des Krieges zum Regelmäßigen geworden. Die vollkommene Absperrung einzelner Orte und Bahnlinien, die auch jetzt noch bei Truppenverschiebungen häufig vorkommt und noch vorkommen wird, muß aber auch in solchen Zeitläuften als außergewöhnlich angesehen werden. Mit diesem Umstande braucht daher der Antragsteller nicht zu rechnen.

Wir sagten oben, der Antragende dürfe erwarten, daß der Antragsempfänger zu Hause sei und Kenntnis vom Briefe bekommen könne. Auch hier müssen die veränderten Zustände berücksichtigt werden.

Wie ist zu urteilen, wenn der Empfänger im Felde steht? „Eine allgemeine Verpflichtung zur Entgegennahme von Willenserklärungen läßt sich aus dem Gesetz nicht herleiten."[11]) Deshalb besteht auch keine Verpflichtung, einen Bevollmächtigten für die Entgegennahme von Willenserklärungen bei längerer Abwesenheit zu bestellen. Die Anträge, die während des Kriegsdienstes des Empfängers in seinen Briefkasten oder in sein Postschließfach gelegt werden, sind zwar zugegangen im Sinne des § 130 BGB., sie gelten aber, wenn der Empfänger keine Kenntnis von ihnen erlangt und deshalb keine Antwort gibt, nach gewisser Zeit als abgelehnt. Die Pflicht, einen Empfangsbevollmächtigten zu bestellen, kann sich aber unter Umständen doch ergeben, z. B. wenn zwischen den Parteien Verhandlungen über ein Rechtsgeschäft schweben und nicht die Absicht besteht, sie infolge der Einberufung des einen Teils bis auf weiteres ruhen zu lassen. Auch gewisse Berufe können eine solche Verpflichtung auferlegen. So wird man dies beim Kaufmann ohne weiteres annehmen müssen, wenn er sein Geschäft auch in seiner Abwesenheit fortbetreiben läßt. Hat er aber keinen Bevollmächtigten

---

[11]) Staudinger, § 130 Anm. 10 S. 510.

bestellt, sondern nur zu Hause angeordnet, daß ihm die geschäftlichen Postsachen nachgeschickt werden — nehmen wir an, er sei zur Bewachung eines Gefangenenlagers oder zur Besatzung einer Inlandsfestung abkommandiert, habe also einen festbestimmten Aufenthaltsort —, so sind ihm die Briefe schon in dem Zeitpunkte zugegangen, in dem sie ihm zugegangen wären, wenn er zu Hause gewesen wäre[12]). Denn daß der Antragende solange gebunden sei, bis die Postsachen tatsächlich zugegangen sind, wird man nicht annehmen können, auch dann nicht, wenn er die Anordnung des Empfängers gekannt hat. Sonst würde er, wenn infolge Säumigkeit des Vermittlers die Briefe nicht unverzüglich, sondern erst nach einiger Zeit nachgeschickt würden, auch diesen Umstand zu tragen haben, und das wäre unbillig.

Anders ist die Frage zu beurteilen, wenn der Antragsteller den anderen in seiner Wohnung oder in seinem Geschäft aufsucht, um ihm da seinen Antrag zu machen, und dabei Kenntnis von dessen Einberufung erlangt. Gibt er nun die Erklärung einem Angestellten oder Hausgenossen mündlich ab mit der Aufforderung, sie dem Geschäftsherrn zu übermitteln, so ist sie im Gegensatz zur Meinung des Reichsgerichts[13]) erst dann als zugegangen anzusehen, wenn sie einem vom Geschäftsherrn Bevollmächtigten oder diesem selbst gegenüber abgegeben ist. Der Antragende ist so lange gebunden, als unter diesen Umständen die Antwort eintreffen kann. Es soll nicht verkannt werden, daß gerade unter den veränderten Umständen des Kriegszustandes die Gebundenheit für den Antragenden manchen Verlust zur Folge haben kann, da die Absatzmöglichkeiten für Waren außerordentlich beschränkt sind. Doch muß betont werden, daß der, welcher ein Geschäft machen will, auch die Gefahr zu tragen hat. Zudem kann ja der Antragende durch besondere Klauseln, z. B. „ohne Verbindlichkeit", „ohne Obligo", „freibleibend", „Zwischenkäufe vorbehalten", seine Gebundenheit ausschließen. In diesem Falle liegt dann allerdings kein wirklicher Antrag mehr vor, sondern nur eine Aufforderung an den anderen, seinerseits einen Antrag zu machen.

„Vertragsanträge werden mit Rücksicht auf die jeweilige Lage der dem Wechsel unterworfenen Verhältnisse, nicht für

---

12) RGZ. 59 S. 296.

13) RGZ. 60 S. 334, 61 S. 125.

immer gemacht."[14]) Will der Antragende sich nicht günstige Gelegenheiten entgehen lassen, so kann er nach § 148 BGB. für die Annahme eine Frist bestimmen, und der Antrag darf dann nur innerhalb dieser Frist angenommen werden.

Wir wiesen schon oben auf die mancherlei Beförderungsschwierigkeiten der Jetztzeit hin. Wie ist nun zu entscheiden, wenn die Annahmeerklärung zwar rechtzeitig abgeschickt worden ist und unter regelmäßigen Verhältnissen innerhalb der gestellten Frist zugegangen sein würde, jetzt aber verspätet ankommt? Nach § 150 I BGB. ist dann der Vertrag nicht zustande gekommen; denn die verspätete Annahme gilt als neuer Antrag. Hat jedoch der Antragende erkennen müssen, daß die Antwort rechtzeitig abgesandt wurde, so bleiben ihm drei Möglichkeiten: entweder er zeigt dem Annehmenden die Verspätung unverzüglich an, dann ist sein Antrag hinfällig geworden; oder er schickt die Anzeige von der Verspätung zwar ab, aber schuldhafterweise nicht unverzüglich, hier gilt der Vertrag als in dem Zeitpunkt zustande gekommen, in dem die Annahmeerklärung dem Antragenden zuging. Dasselbe endlich tritt auch dann ein, wenn der Antragende schweigt. Zwischen dem Zeitpunkt aber, wo die verspätete Annahmeerklärung eintraf, und dem, an welchem der Antragende bei Anwendung der im Verkehr erforderlichen Sorgfalt die Anzeige von dem verspäteten Eintreffen abschicken mußte, besteht ein Schwebezustand.

Ist die Annahmeerklärung zwar rechtzeitig abgeschickt worden, war aber die Frist für die Antwort zu kurz bemessen, so daß die Erklärung gar nicht zur rechten Zeit eintreffen konnte, so ist der Antrag auf etwas Unmögliches gerichtet gewesen und somit unwirksam.

Es wurde oben gesagt, daß unser Bürgerliches Gesetzbuch die Zugangslehre anerkannt hat Es ist selbstverständlich, daß diese auch jetzt trotz den veränderten Umständen noch gilt. Bei den Beförderungsschwierigkeiten, dem verminderten Postpersonal, bei der großen Menge der Feldpostbriefe, die jetzt natürlich den Vorzug vor den anderen Sendungen genießen, ist es nur zu leicht möglich, daß die Briefe verloren gehen. Eine Antrags- oder Annahmeerklärung, die dem anderen nicht zugeht, ist unwirksam.

---

[14]) Mot. I S. 168.

Zum Schlusse sei noch erwähnt, daß der Tod einer der beiden Parteien im Kriege keine andere Wirkung auf Antrag und Annahme ausübt wie im Frieden.

2. Die Einwirkung auf die Erfüllung des Vertrags.

a) Clausula rebus sic stantibus.

Pacta sunt servanda, das ist der Sinn der Bestimmungen des Bürgerlichen Gesetzbuchs. Soll dieser Grundsatz aber unter allen Umständen aufrechterhalten werden, soll ein Vertrag, der im tiefsten Frieden geschlossen wurde, auch für Kriegszeiten unverändert fortdauern? Das ist im allgemeinen zu bejahen. Es gibt nur wenige Bestimmungen im Bürgerlichen Gesetzbuch, durch die bei bloßer Veränderung der äußeren Verhältnisse ohne Rücksicht darauf, ob ein Verschulden vorliegt oder nicht, eine einseitige Abänderung des Vertrags erlaubt wird.

Vor dem Bürgerlichen Gesetzbuch hatten manche deutsche Rechte den Grundsatz, daß die Verträge unter der Voraussetzung der Fortdauer des Zustandes, wie er beim Abschluß des Vertragsbestand, geschlossen würden. Die naturrechtliche Lehre vertrat denselben Standpunkt. Ins Bürgerliche Gesetzbuch ist diese sog. Clausula rebus sic stantibus nicht aufgenommen worden. In treffender Weise hat dies das Reichsgericht[15]) mit folgenden Worten gekennzeichnet: „Mit Bezug auf § 458 des Entwurfs I, dem im wesentlichen der § 610 BGB. entspricht, haben die Motive zum Entwurf I an einer anderen Stelle — Bd. 2 S. 199 — ausdrücklich ausgeführt: ‚Den Rücktritt wegen veränderter Umstände — clausula rebus sic stantibus — läßt der Entwurf nur in einem Falle zu, nämlich bei dem Vertrag, durch welchen die Hingabe eines Darlehns versprochen wird.‘ Von der II. Kommission — Prot. Bd. 1 S. 631 — wurde die Klausellehre in dem durch § 321 BGB. bezeichneten Umfange und mit der dort bezeichneten Wirkung auch auf den Fall der Verpflichtung zur Vorleistung aus einem gegenseitigen Vertrag ausgedehnt. Die bezogenen Beratungen hierüber und die Beratungen der II. Komm. zu § 485 Entw. I —

---

[15]) RGZ. 50 S. 257, ähnl. RGZ. 60 S. 58; ebenso RGRKomm. § 321 Anm. 3; Planck, § 157 Anm. 6a, b; Staudinger, Vorbem. zu § 305 V 2 Abs. 2 und § 157 Anm. 4 Abs. 3. A. A.: Leo Stahl in „Die sog. Clausula rebus sic stantibus“, München 1909.

Prot. Bd. 2 S. 47 — lassen aber unzweideutig erkennen, daß es sich hier nicht um Anwendung eines allgemeinen Prinzips auf zwei konkrete Tatbestände handelte, sondern um die singuläre Normierung bezüglich jener besonders gearteten Verhältnisse." Allerdings wird in jedem Falle zu prüfen sein, ob nicht nach der Absicht der Parteien der Rücktritt wegen veränderter Umstände dem einen oder dem anderen Teile zustehen soll[16]), und es werden dabei nach § 346 HGB. die im Handelsverkehr geltenden Gewohnheiten und Gebräuche und nach § 157 BGB. das, was Treu und Glauben mit Rücksicht auf die Verkehrssitte erfordert, beachtet werden müssen. Aus der vorstehenden Reichsgerichtsentscheidung aber, die sich streng an die Grundsätze des BGB. hält, geht mit zweifelloser Sicherheit hervor, daß eine Veränderung der äußeren Verhältnisse wirtschaftlicher Art, eine Veränderung in der Vermögenslage keineswegs allgemein ein Recht zum Rücktritt oder zur Verweigerung der Leistung gibt. Nur, wer ein Darlehn verspricht, kann dieses Versprechen widerrufen, wenn durch eine wesentliche Verschlechterung in der Vermögenslage des anderen der Anspruch auf die Rückerstattung gefährdet wird (§ 610 BGB.). Und aus demselben Grunde kann der Vorleistungspflichtige seine Leistung verweigern, bis die Gegenleistung bewirkt oder Sicherheit für sie geleistet wird (§ 321 BGB.). Im letzten Falle wird zudem der Grundsatz der Clausula rebus sic stantibus nicht ganz durchgeführt; denn der Vertrag bleibt bestehen wie zuvor, also auch mit der Vorleistungspflicht. Der Vorleistungspflichtige hat auch kein Rücktrittsrecht. Er ist lediglich durch eine aufschiebende Einrede geschützt[17]). Demnach kann auch die Vorleistung gefordert werden, sobald genügende Sicherheit geleistet ist.

Wenn auch die Clausula rebus sic stantibus sich nicht als allgemeiner Grundsatz im Bürgerlichen Gesetzbuch findet, so wäre doch ebensowenig der Standpunkt gerechtfertigt, der Vertrag müsse stets unter allen Umständen erfüllt werden. „Das Wesen der wahren individualisierenden Gerechtigkeit ist nicht ein starres abstraktes Gleichheitsmaß, sondern das Suum cuique, die jeden Wert (jedes Interesse) von einem über den Standpunkt der Streit-

---

[16]) Mot. II S. 199.

[17]) Staudinger, § 321, Anm. 1 Abs. 3.

teile erhabenen Standpunkte aus objektiv abwägende Schätzung."[18]) Auch hier würde oft summum ius summa iniuria werden. Bei den jetzigen wirtschaftlichen Schwierigkeiten heißt es besonders die Umstände des einzelnen Falles berücksichtigen. Als Leitstern dient uns hier die Bestimmung des § 157 BGB. Der oberste Grundsatz bei der Auslegung von Verträgen soll in der Wahrung von Treu und Glauben gipfeln, den sittlichen Grundlagen des ganzen Verkehrs. Der Gläubiger darf nicht begehren, was der Billigkeit widerspricht, der Schuldner keinen Einwand erheben, der gegen die geläuterten Rechtsanschauungen verstößt[19]). Und daneben soll man als „soziales Richtmaß"[19]) die Verkehrssitte, die guten Anschauungen des Verkehrs nicht außer acht lassen. Ist z. B. ein vermögensloser Arbeiter mit seiner Familie durch den Krieg arbeitslos geworden und kann er am Fälligkeitstermine den Mietzins nicht ganz zahlen, verspricht er aber dem Vermieter Ratenzahlungen und weist ihn dieser unter der Drohung der Kündigung zurück, so ist das ein ganz offenbarer Verstoß gegen Treu und Glauben. In so schwerer Zeit muß eben jeder gewisse Rücksichten auf den anderen nehmen.

Es geht auch nicht an, daß sich jemand für eine dem anderen gewährte Leistung Vermögensvorteile versprechen läßt, die auffallend hoch sind. Denken wir an den Fall, daß der Großhändler dem durch den Krieg in Zahlungsschwierigkeiten geratenen Kleinkaufmann die Waren nur unter der Bedingung geliefert hat, daß er den doppelten Preis dafür zahlen muß. Hier würde die Bestimmung des Wucher-§ 138 II BGB. eingreifen.

Nicht aber wird man § 226 BGB. im allgemeinen anwenden können. Er verbietet die Ausübung eines Rechts, wenn diese nur den Zweck haben kann, einem anderen Schaden zuzufügen. Nehmen wir z. B. an, der Käufer bestehe auf der Lieferung der bestellten Waren, für den Verkäufer wäre diese jedoch nur unter großen eigenen Verlusten möglich. Hier würde, wie so oft, § 226 versagen, da hier nicht lediglich, um dem anderen einen Schaden zuzufügen, das Recht auf Lieferung ausgeübt wird, sondern ganz zweifellos auch eine in gewissen Grenzen berechtigte Rücksicht auf das eigene Wohl. Selbstsucht aber „schützt die Bosheit"[20]).

---

[18]) Staudinger, § 242 Anm. 1 Abs. 4.
[19]) Endemann, I § 100 II 2.
[20]) Endemann, I § 85, II 4.

Die Clausula rebus sic stantibus kennt unser Gesetzbuch nicht. Doch wenn wir die von ihm zugelassenen Auslegungsregeln beobachten, haben wir Waffen genug, um einem unbilligen, rücksichtslosen Verlangen nach Vertragserfüllung entgegentreten zu können.

b) Die Kriegsklausel.

Von besonders einschneidender Wirkung auf den Vertrag ist die Kriegsklausel, eine vertragliche Bestimmung meist des Inhalts, daß der Krieg ohne weiteres von der Verpflichtung zur Vertragserfüllung entbinde. Im allgemeinen wird sie nur zugunsten des Lieferanten getroffen. Er soll durch sie vor großen Opfern geschützt werden, die er beim gewöhnlichen Lauf der Dinge nicht hätte bringen müssen, er soll nicht schlechter gestellt werden als bei Vertragsabschluß. Die Kriegsklausel dient also vernünftigen und erlaubten Zwecken und ist deshalb rechtsgültig. Ob der Lieferant sich auf die Kriegsklausel berufen oder trotzdem den Vertrag erfüllen will, steht in seiner Hand. Die Frage ist aber, ob er unter allen Umständen sich auf die Klausel stützen darf. Staadecker[21]) verneint dies: „Wird von der Kriegsklausel ein Gebrauch gemacht, welcher mit ihrem Zweck und Wesen nicht im Einklang steht, so verstößt die Berufung auf sie gegen die guten Sitten, und ihre rechtliche Wirksamkeit erlischt." Als Beispiel führt er einen Lieferanten an, der zwar die bestellte Ware liefern kann, aber die Lieferung unter Berufung auf die Kriegsklausel ablehnt, um einen höheren Preis zu erzielen, und er spricht in diesem Falle dem Abnehmer das Recht zu, „ungeachtet der Kriegsklausel auf Lieferung zu bestehen". Hierin ist ihm aber nicht beizustimmen. Staadecker erkennt selbst die Rechtsgültigkeit der Kriegsklausel an. Die Klausel wird beim Abschluß des Vertrags in diesen aufgenommen, sie ist eine auflösende Bedingung. Unterwirft sich ihr der Abnehmer, so hat er auch die daraus entstehenden Folgen zu tragen. Ein Verstoß gegen die guten Sitten kann auf keinen Fall darin gefunden werden, daß sich der Lieferant für die Zukunft sichert. Ist aber die Kriegsklausel rechtsgültig, so kann man den Berechtigten im allgemeinen an ihrer Geltendmachung nicht hindern[22]), gleichgültig, ob ihn wirtschaftliche Not dazu zwang

---

[21]) JW. 1914 S. 848.

[22]) Ebenso Reiche, JW. 1914 S. 903; Löwenstein, JW. 1914 S. 948;

oder ihn die Absicht leitete, einen Gewinn zu machen. Soll doch gerade die Klausel dem Lieferanten größere Gewinnmöglichkeiten sichern. Es ist aber selbstverständlich, daß die Ausnutzung der Kriegsklausel nicht so weit ausgedehnt werden darf, daß dies gegen die guten Sitten verstieße. Einen Anhaltspunkt für diese Untersuchung werden wir stets im Inhalt der Klausel finden können. Heißt es in ihr z. B., der Vertrag solle bei Kriegsausbruch erlöschen, so kann die Berufung hierauf niemals gegen die guten Sitten verstoßen. Oft wird sie auch nur dahin lauten, der Krieg solle als höhere Gewalt gelten und deshalb den Lieferanten befreien. Dann kann der Käufer beweisen, daß jener an der Leistung nicht verhindert ist. Wird die Befreiung des Lieferanten aber gar erst vom Eintritt einer durch den Krieg hervorgerufenen Verhinderung abhängig gemacht, so muß dieser den Nachweis führen, daß der vorgesehene Fall wirklich eingetreten ist. Jedenfalls ist stets zu prüfen, ob sich der zur Leistung Verpflichtete mit der Klausel den Rücktritt vom Vertrag (§ 346 BGB.) oder aber nur die Geltendmachung unverschuldeter Unmöglichkeit der Erfüllung (§ 323 BGB.)[23]) sichern wollte.

Noch eine andere Frage[24]) harrt hier der Beantwortung: auf welche Waren bezieht sich die Kriegsklausel, auf die, welche schon vor dem Kriegsausbruch bereit lagen, oder erst auf die, deren Leistung dem Lieferanten erschwert wird? Der Wortlaut der Klausel wird meist beide Fälle decken, während dem Abnehmer an einer einschränkenden Deutung im zweiten Sinne liegt. Hier wird im Zweifel § 157 BGB. zugunsten des Abnehmers helfend eingreifen müssen.

c) Die Unmöglichkeit.

Das Hauptaugenmerk auf dem Gebiete des allgemeinen Vertragsrechtes richtet sich naturgemäß auf die Frage, inwieweit

---

Reigers, JW. 1914 S. 951; Oertmann, Bankarchiv 1914 S. 388; Düringer, LZ. 1915 S. 10. Vgl. auch Neukamp, LZ. 1914 S. 1825; Recken, Die Kriegsklausel in Reklameverträgen, LZ. 1914 Nr. 24; Seelig, Die Kriegsklausel in Bühnenanstellungsverträgen, im „Arbeitsrecht" I 3/4. Letzterer weist darauf hin, daß von der Kriegsklausel „wohl alle deutschen und österreichischen Bühnen zunächst Gebrauch gemacht" haben, dann aber teilweise wieder zu spielen begannen.

23) Düringer, LZ. 1915 S. 9.

24) Oertmann, Bankarchiv 1914 S. 388.

der Krieg zu einer Unmöglichkeit der Leistung führt und ob und in welchem Umfange der Schuldner hierfür einzustehen hat.

Der Krieg kann eine Leistung unmöglich machen aus natürlichen sowohl wie aus rechtlichen Gründen. Aus natürlichen: Denken wir z. B. daran, daß die geschuldete Ware zugrunde geht, der Feind die zur Herstellung des Gegenstandes erforderlichen Maschinen oder die Rohstoffe vernichtet, die Verkehrssperre die bestellten Sachen nicht an ihren Bestimmungsort gelangen läßt. Und dann aus rechtlichen, z. B. infolge Ausfuhrverbotes, Beschlagnahme, Zahlungsverbotes.

Daneben aber ist von größter Bedeutung die Feststellung, inwieweit man von einer durch den Krieg herbeigeführten Unmöglichkeit infolge „überobligationsmäßiger Kraftanstrengung" sprechen kann. Bei dem Unterschied zwischen Einzel- und Gattungssache kommt diese Frage erklärlicherweise vor allem für die letztere in Betracht. Ist doch der Schuldner bei einem nur der Gattung nach bestimmten Gegenstande zur Leistung so lange verpflichtet, als diese aus der Gattung möglich ist (§ 279 BGB.). Die Ansicht der Römer: genus perire non potest, ist heute überwunden. In der wichtigen Entscheidung vom 23. Februar 1904 hat das Reichsgericht[25]) dagegen Stellung genommen. § 279 dürfe nicht dahin ausgelegt werden, daß nur der Untergang der ganzen Gattung den Schuldner befreie; vielmehr sei die Leistung schon dann als unmöglich anzusehen, wenn die Beschaffung von Gegenständen der fraglichen Gattung eine so schwierige geworden sei, daß sie billigerweise niemandem mehr zugemutet werden könne. Dieser Grundsatz ergibt sich aus § 242 BGB., aus der Berücksichtigung von Treu und Glauben. Die Bemühungen des Schuldners zur Beschaffung der Ware müssen eine Grenze haben, worüber hinauszugehen er rechtlich nicht gezwungen werden kann. Allerdings darf diese auch nicht zu eng gesteckt werden. Der Schuldner wird nicht schon frei, wenn sich bei der Beschaffung „mehr Schwierigkeiten" bieten. Nehmen wir z. B. an, der Grünwarenhändler A. habe mit dem Großhändler B. einen Kaufvertrag über 100 Ztr. Kartoffeln der diesjährigen Ernte geschlossen. Die Ernte fällt nicht besonders gut aus; rings um die Grenzen unseres Reiches

---

[25]) RGZ. 57 S. 117 ff.

lauern die Feinde und suchen uns die Lebensmittelzufuhr abzuschneiden. Um einer Preistreiberei vorzubeugen, setzt der Bundesrat einen Höchstpreis fest, sagen wir 3,50 M. für den Zentner. Die Bauern glauben, nicht genug daran zu verdienen, und geben dem Großhändler keine Kartoffeln. Er bringt die 100 Ztr. nicht zusammen. Trotzdem liegt hier keine ihn befreiende Unmöglichkeit vor. Nach Treu und Glauben kann ihm zugemutet werden, sich anderwärts nach Kartoffeln umzusehen, auch dann, wenn er dem A. die Kartoffeln für den Preis von 3,50 M. versprochen hatte und nun infolge der Höchstpreisfestsetzung gar nichts verdient, ja sogar dann, wenn er noch Geld darauflegen muß. Eine Erhöhung der Preise befreit den Lieferanten im allgemeinen eben nicht, es sei denn, daß es sich um eine ungewöhnlich hohe Preissteigerung handelt. Die Beschaffung des Gegenstandes „muß mit so außergewöhnlichen Schwierigkeiten verbunden sein, daß diese Schwierigkeiten nach der Auffassung des Verkehrs der Unmöglichkeit gleichgeachtet werden“[26]).

Gerade der Krieg aber hat vielfach solche außergewöhnlichen Schwierigkeiten herbeigeführt. Denken wir uns z. B., ein Deutscher in Amerika habe bei dem Neuyorker Zweiggeschäft einer großen Hamburger Möbelfabrik eine Wohnungseinrichtung bestellt. Die Leistung ist rechtlich durchaus möglich, sie ist auch an sich tatsächlich möglich: die Möbel stehen in Hamburg bereit. Aber es verkehren keine deutschen Frachtdampfer mehr. Soll man von dem Lieferanten verlangen können, daß er die Waren auf einem neutralen Schiff nach Amerika schickt? Grundsätzlich wäre er wohl dazu verpflichtet. Seitdem aber die Engländer sich nicht scheuen, alle neutralen Dampfer nach deutschem Eigentum zu durchsuchen, um dieses dann zu vernichten, muß die Antwort verneinend ausfallen. Man kann es dem Möbelhändler nicht zumuten, auf gut Glück seine Möbel zu verschiffen, in der begründeten Besorgnis, daß sie unterwegs von den Engländern im Meer versenkt werden. Und dem ostpreußischen Pferdezüchter, dessen Gestüt von den Russen völlig vernichtet wurde, aufzuerlegen, anstatt der getöteten Trakehnerhengste andere gleichwertige zu liefern, hieße, von ihm eine übermäßige Kraftanstrengung verlangen.

---

[26]) RGZ. 57 S. 119.

Noch aus einem anderen Grunde kann eine Leistung unmöglich werden, nämlich aus dem Gesichtspunkt des „überwiegenden Interesses". Nehmen wir z. B. an, die Mühle H. liefere ganz bestimmtes Korn, das auf ihrem Grund und Boden gedeiht. Sie hat jährlich etwa 1000 Ztr. geerntet. Durch Einfälle feindlicher Banden ist jedoch diesmal der größte Teil vernichtet worden, es sind nur noch etwa 200 Ztr. lieferbar, so daß der Müller nicht alle Kunden befriedigen kann. Hier steht ihm das Recht zu, die lieferbare Menge verhältnismäßig auf seine Abnehmer zu verteilen[27]). Obwohl es tatsächlich vielleicht möglich wäre, den einen Käufer völlig zufriedenzustellen, weil er gerade 200 Ztr. oder weniger bestellt hat, so kann dem Schuldner doch mit Rücksicht auf Treu und Glauben (§ 242) nicht zugemutet werden, sich mit Schadensersatzansprüchen der anderen Gläubiger zu belasten. Dem steht das Interesse des Schuldners entgegen. Er darf die ursprünglich geschuldete Leistung verweigern, „wenn sie infolge unvorhergesehener Umstände ungewöhnliche Aufwendungen oder Vermögensschädigungen mit sich bringt."[28]) Folgen, die der Krieg in Menge in seinem Gefolge führt.

Mit dem bisher Festgestellten ist unsere Frage aber noch nicht völlig gelöst. Hatte der Schuldner eine bestimmte Einzelsache zu leisten und ist diese zugrunde gegangen, so kann am Vorliegen einer Unmöglichkeit gar nicht gezweifelt werden. Anders aber, wenn der geschuldete Gegenstand noch vorhanden ist, z. B. durch die Verkehrssperre zurückgehalten wird, oder wenn es sich um eine Gattungssache handelt. Dann muß stets die Dauer der Unmöglichkeit geprüft und untersucht werden, in welcher Weise hier der Krieg einwirkt.

Währt die Unmöglichkeit nur eine kurze Zeit, so liegt darin meist ein bloßes Hinausschieben der Vertragserfüllung: wir denken hier an die Beschlagnahme sämtlicher Decken, die nur wenige Tage aufrechterhalten wurde. Im allgemeinen ist die Unmöglichkeit dann als eine zeitweilige anzusehen, wenn die Dauer des Hindernisses genau begrenzt ist oder sich doch fest bestimmen läßt. Dasselbe hat zu gelten, wenn die Unmöglichkeit durch außergewöhnliche

---

[27]) Vgl. RGZ. 84 S. 125 und dessen Beurteilung durch Krückmann in LZ. 1915 S. 95 ff.

[28]) Planck, Vorb. zu §§ 275—292, 3 a, S. 208.

Ereignisse herbeigeführt wird, die vorübergehender Natur sind, z. B. die Besetzung Ostpreußens durch die Russen.

Als dauernd muß die Unmöglichkeit bezeichnet werden, wenn, wie schon erwähnt, der zu leistende Gegenstand untergegangen ist, wenn die Person, an die zu leisten war, auf dem Schlachtfelde gefallen ist. Und außerdem ist die Unmöglichkeit „so lange eine dauernde, als sich nicht aus allgemeinen Erfahrungssätzen oder aus den Umständen des Einzelfalls sichere Anhaltspunkte dafür ergeben, daß das Hindernis entfallen wird, und zwar rechtzeitig genug, damit durch die nachträgliche Leistung die Vertragszwecke noch erfüllt werden können. Demnach ist die Unmöglichkeit eine dauernde, wenn sich ihr rechtzeitiger Wegfall nicht absehen läßt."[29]) Dies gerade ist für den Krieg von Bedeutung. Der Krieg und seine Folgen sind Zustände, deren Dauer sich auch nicht annähernd genau bestimmen lassen. Und so müssen wir denn zu dem Ergebnis kommen, daß die durch den Krieg herbeigeführte Unmöglichkeit im allgemeinen als dauernde zu behandeln ist. Es lassen sich natürlich auch hier Fälle denken, wo unter Berücksichtigung des Vertragszweckes die Leistung unbedenklich bis nach dem Friedensschlusse aufgeschoben werden kann.

Es ist nun, wie schon zu Anfang erwähnt, noch zu prüfen, ob die durch den Krieg verursachte Unmöglichkeit eine verschuldete ist und ob und in welchem Umfange der Schuldner dafür einzustehen hat.

Keinem Zweifel unterliegt es, daß der Krieg als solcher nicht zu vertreten ist. Von einer durch ihn herbeigeführten Unmöglichkeit wird man nur dann als von einer verschuldeten sprechen können, wenn der Schuldner die durch den Kriegsausbruch bewirkten Leistungserschwerungen hätte abwenden können und nicht abgewendet hat. Dafür muß er einstehen. Hat er dagegen seine Pflicht im vollsten Maße erfüllt und wird ihm nun nur infolge des Kriegsausbruchs die Leistung unmöglich oder hätte er selbst bei zumutbarer Kraftanstrengung die Unmöglichkeit nicht abwenden können, so wird er seiner Verpflichtungen ledig. Es wird hier kein Unterschied gemacht zwischen objektiver und subjektiver Unmöglichkeit. Eine Ausnahme besteht nur insofern, als der Schuldner

---

[29]) Kisch, Unmöglichkeit S. 24.

bei einer Gattungssache sein Unvermögen auch dann zu vertreten hat, wenn ihm ein Verschulden nicht zur Last fällt (§ 279 BGB.).

Es sei noch kurz auf das Unvermögen wegen Zahlungsunfähigkeit eingegangen. Ist doch gerade dieses infolge der durch den Krieg in Mitleidenschaft gezogenen Wirtschaftslage eine jetzt sehr häufige Erscheinung.

Die Geldschuld ist eine nur der Gattung nach bestimmte Leistung (§ 279) [30]), dafür aber hat der Schuldner einzustehen, solange nicht Treu und Glauben widersprechen [31]). Deshalb befreit ihn die Zahlungsunfähigkeit nicht [32]). Aber darüber hinaus liegt zugleich in dem Zahlungsversprechen eine Gewähr für die Fähigkeit, zahlen zu können [33]), so daß der Schuldner auch das Nichtbeschaffen einer Einzelsache wegen Zahlungsunfähigkeit wird vertreten müssen; denn in dem Versprechen, einem anderen einen Gegenstand zu verschaffen, liegt das Versprechen, seine Geldmittel zur Beschaffung des Gegenstandes anzuwenden. „Das steht dann einer Gattungsschuld nahe genug, um die entsprechende Anwendung des § 279 zu rechtfertigen.“ [34])

d) Der Verzug.

Leistet der Schuldner auf eine nach Fälligkeit der Leistung erfolgte Mahnung nicht, obwohl ihm der Krieg diese Möglichkeit offenläßt, so kommt er in Verzug. Von einem besonderen Einfluß des Krieges kann man hier nicht reden. Der Krieg hindert grundsätzlich den Eintritt des Verzugs bei einer möglichen Leistung nicht. Auch eine bloße Erschwerung schließt den Verzug nicht aus, auf ihren Grund kommt es nicht an. Aber der Schuldner kommt nicht in Verzug, solange die Leistung infolge eines von ihm nicht zu vertretenden Umstandes unterbleibt. Der Krieg ist, wie wir schon bei der Unmöglichkeitsfrage sagten, ein derartiger unverschuldeter Umstand und schließt deshalb den Verzugseintritt aus,

---

30) Vgl. Oertmann, Komm. § 275 Anm. 3; Fischer-Henle, BGB. § 279 Anm. 1.

31) Diese Ansicht folgt auch aus den Bestimmungen der Konkursordnung (§ 164 I KO.).

32) Staudinger, § 275 II 3 Abs. 5 S. 157; Oertmann, Komm. § 275 Anm. 3; RGRKomm. § 275 Anm. 5.

33) Goldmann-Lilienthal, BGB. 2. Aufl. S. 335.

34) Oertmann, Komm. § 275 Anm. 3.

wenn er die mit pflichtmäßiger Kraftanstrengung nicht zu beseitigende Ursache der Verzögerung ist: denken wir z. B. daran, daß der Schuldner die zu liefernden Waren auf Schiffe verladen hat, deren Besatzung wegen der Minengefahr sich weigert, abzufahren. War jedoch der Schuldner bereits vor Kriegsausbruch im Verzug und wird ihm nun gerade infolge des Krieges die Leistung unmöglich, so wird er nicht frei, es sei denn, daß der Schaden auch bei rechtzeitiger Leistung eingetreten sein würde (§ 287 Satz 2 BGB.).

Der Krieg schließt aber ebensowenig den Eintritt des Gläubigerverzuges aus, sofern überhaupt die Leistung möglich und der Schuldner hierzu imstande ist. Nichts kommt darauf an, daß der Gläubiger zur Annahme außerstande ist. Der Eintritt des Verzugs ist von seinem Verschulden unabhängig.

II. Der Einfluß des Krieges auf die Hauptverträge des Bürgerlichen Gesetzbuchs.

Es ist ganz natürlich, daß wir die weitaus stärksten Einwirkungen des Krieges beim Arbeitsvertrag wahrnehmen können. Steht doch die Mehrheit unseres Volkes heute entweder als Arbeitgeber oder Arbeitnehmer unter der Herrschaft des Arbeitsvertrags. Gleichwohl wollen wir ihn zunächst beiseite lassen und uns zuerst dem Veräußerungsvertrag zuwenden. Erleichtern wir uns doch dadurch das Verständnis für Werk- und Werklieferungsvertrag, wichtige Unterarten des Arbeitsvertrags, die zum Teil auf den Regeln des Kaufvertrags, zum Teil auf denen des Dienstvertrags aufgebaut sind.

1. Der Veräußerungsvertrag. Kauf.

Ist der Kaufvertrag zustande gekommen, so muß der Verkäufer dem Käufer die Sache übergeben und das Eigentum an ihr verschaffen. Auch der Krieg hebt grundsätzlich diese Verpflichtungen nicht auf. Der Verkäufer ist nicht berechtigt, unter Berufung auf den Kriegsausbruch vom Vertrag zurückzutreten, ihn zu „annullieren“ oder „stornieren“. Er muß unter Umständen auch Opfer bringen, um seinen Verbindlichkeiten nachzukommen.

Um uns einen klaren Überblick zu verschaffen, unterscheiden wir im Anschluß an Neukamp[35]) folgende drei Klassen: Verträge mit Inländern für Inlandsbedarf, Verträge mit Inländern für Auslandsbedarf und endlich Verträge mit Ausländern für Auslandsbedarf.

Bei den ersten haben wir die Fälle zu trennen, wo der Verkäufer Fabrikant ist, und die, wo er als Großhändler auftritt.

Der Großhändler ist nicht an eine bestimmte Fabrik gebunden, er liefert nicht die Erzeugnisse nur eines Werkes, sondern er kauft die Waren zusammen und setzt sie dann an die Kleinhändler ab. Er verkauft also Waren, die ganz allgemein nur der Gattung nach bestimmt sind. Für die Erfüllung von Gattungsschulden aber hat er so lange einzustehen, als ihm dies nach Treu und Glauben mit Rücksicht auf die Verkehrssitte zugemutet werden kann.

Ist dagegen der Verkäufer Fabrikant, so ist im Zweifel der Lieferungsvertrag dahin auszulegen, daß sich der Fabrikant nur zur Lieferung der in seinem Betriebe hergestellten Waren verpflichten will. Es liegt also eine sog. spezialisierte Gattungsschuld vor. Unter diesem Gesichtspunkte müssen wir verschiedene Fälle unterscheiden.

Ist dem Fabrikanten der Bezug der Rohstoffe durch den Krieg abgeschnitten worden und muß er deshalb sein Geschäft schließen, so wird er von der Leistung befreit, bei Einzel- sowohl wie bei Gattungssachen. Denn „indem sich der Fabrikant zur Lieferung verpflichtet, bezieht sich der Gattungskauf nicht schlechthin auf Waren der von ihm fabrizierten Art, sondern lediglich auf die in seiner Fabrik hergestellten Waren."[36]) Und diese kann er ohne ein Verschulden seinerseits nicht mehr liefern[37]).

Wird dagegen durch den Krieg ein Teil seines Personals eingezogen und kann er nicht mehr alle Bestellungen erledigen, so wird er im allgemeinen trotzdem nicht frei. Es darf ihm zugemutet werden, daß er Ersatzkräfte einstellt. Natürlich kann auch hier keine übermäßige Kraftanstrengung verlangt werden.

---

35) Der Einfluß des Krieges auf die Lieferungsverträge, LZ. 1914 S. 1825 ff.

36) Neukamp, LZ. 1914 S. 1827.

37) Vgl. RGZ. 42 S. 114, 57 S. 116.

Sieht er sich aber gar nicht nach Hilfskräften um, stellt er einfach weniger Waren her, so hat er die daraus sich ergebende Unmöglichkeit zweifellos zu vertreten.

Daß die Preissteigerung den Verkäufer meist nicht befreit, wurde schon (S. 16) erwähnt.

Wir wollen uns hier noch einer anderen Frage zuwenden, nämlich der, wie das Verhältnis zwischen Privatlieferung und Kriegslieferung zu beurteilen ist. Der Verkäufer hat mit der Militärbehörde und mit Privatleuten Verträge abgeschlossen. Können nicht beide befriedigt werden, wer soll dann vorgehen? Nicht nur das vaterländische Empfinden sagt uns, daß zunächst die Ansprüche der Heeresverwaltung erfüllt werden müssen. Der Verkäufer wird sogar dazu gezwungen, und zwar durch § 329 StrGB. Nach dieser Bestimmung wird mit Gefängnis nicht unter sechs Monaten bestraft, wer die mit einer Behörde geschlossenen Lieferungsverträge über Bedürfnisse des Heeres oder der Marine zur Zeit eines Krieges vorsätzlich nicht zur bestimmten Zeit oder nicht in der verabredeten Weise erfüllt. Auf Fahrlässigkeit steht Gefängnisstrafe bis zu zwei Jahren.

Auf den Zeitpunkt des Vertragsabschlusses kommt es hierbei nicht an. Es ist gleichgültig und bedeutungslos, ob der Vertrag in Friedenszeiten oder während des Krieges zustande gebracht wurde, belanglos ist es auch, ob der Lieferant freiwillig sich zu „Militärlieferungen" gemeldet hat [38]). Wassermann [39]) bestreitet das: „Trotz dieses Vorzugs, den die Militärlieferungen genießen, bleiben die Verpflichtungen des Lieferanten gegenüber seiner Privatkundschaft aufrechterhalten. Stellt sich heraus, daß die Erfüllung unmöglich wird oder im Zeitpunkt der Erfüllungsmöglichkeit für den Kunden kein Interesse mehr hat, so verwandelt sich die Lieferungsverpflichtung in eine Schadensersatzverpflichtung." Der Lieferant hätte sich ja durch die Kriegsklausel schützen können. Wassermann sieht also in dem Vertragsabschluß ein schuldhaftes Handeln des Lieferanten. Doch hierin kann ihm nicht zugestimmt werden. Nur dann hätte Wassermann recht, wenn lediglich durch den Vertragsabschluß des Unternehmers die Unmöglichkeit herbei-

---

38) Ebenso Becker, Privatlieferung und Kriegslieferung. JW. 1914 S. 1115.
39) JW. 1914 S. 1005 ff.

geführt würde, „wenn tatsächlich lediglich ihr freier Wille für diese zur Kriegszeit eingetretene Unmöglichkeit kausal wäre."[40]) Das ist aber nicht der Fall. In Friedenszeiten ist der Lieferant sein eigener Herr, er kann Verträge abschließen, mit wem er will. Anders während des Krieges; denn jetzt kann ihn die Heeresverwaltung zum Lieferungsabschluß zwingen, will er nicht darauf eingehen, so kann sie auf Grund des Kriegsleistungsgesetzes vom 13. Juni 1873 seinen ganzen Betrieb in Anspruch nehmen. „Hierdurch wird den betreffenden Firmen ein Kontrahierungszwang auferlegt, der sie . . . nunmehr genau so zum Abschluß derartiger Kriegslieferungsverträge zwingt, wie § 329 StrGB. sie zu deren unverzüglicher Ausführung nötigt."[41]) Der Wille des Unternehmers ist also gebunden. Ob er nun wirklich abwartet, bis ihn die Behörde zwingt, oder ob er freiwillig zu ihr in ein Vertragsverhältnis tritt, kann wohl keinen Unterschied machen[41]). Und deshalb kann der Lieferant auch nicht schadensersatzpflichtig gemacht werden. Diese Entscheidung dürfte der Billigkeit völlig entsprechen. Wenn der Kleinkaufmann die 100 Büchsen Konserven nicht rechtzeitig oder zunächst überhaupt nicht erhält, weil die Fabrik für Heereszwecke liefern muß, so kann er doch zweifellos keinen Schadensersatz verlangen; denn daß hier unsere Brüder draußen auf dem Schlachtfelde vorgehen, daß sie zunächst genügend versorgt werden müssen, ist eine Selbstverständlichkeit. Der Einwand, die Lieferanten verdienten an den Militärlieferungen ja bedeutend mehr, soll als oft durchaus richtig zugegeben werden; es darf aber zugleich nicht vergessen werden, daß auch die Rohstoffe im Preise gestiegen sind, daß dem Unternehmer infolge der Beförderungsschwierigkeiten größere Unkosten erwachsen, daß ihm viele Arbeiter eingezogen sind und er schon deshalb im allgemeinen weniger herstellen kann. Und dann ist auch noch zu sagen, worauf besonders Becker[41]) hinweist, daß der Lieferant durch die vorzugsweise Erfüllung der Militärlieferungen den Pflichten gegenüber seinen sonstigen Kunden nicht nachkommen kann und gar manchen deshalb verlieren wird, weil er infolge Verärgerung über diese Hintansetzung sich anderen Lieferanten zuwendet. Der einmalige

---

[40]) Becker, JW. 1914 S. 1115.

[41]) Becker, JW. 1914 S. 1115.

Verdienst an den Militärlieferungen wird reichlich aufgewogen werden durch Unkosten und durch oft dauernde Verluste an Kunden. Im übrigen muß auch für diesen Fall wieder geprüft werden, ob durch die vorzugsweise Erfüllung der Heereslieferungen die der privaten Verpflichtungen dauernd unmöglich gemacht oder nur hinausgeschoben wird.

Als zweite Gruppe bezeichneten wir oben die Verträge mit Inländern für Auslandsbedarf. Ist der Leistungsort im feindlichen und noch im Besitze des Feindes befindlichen Lande gelegen, so wird der Lieferant meist der Erfüllungspflicht ledig, da wahrscheinlich keine privaten Güter bei diesen Verhältnissen befördert werden und der Schuldner wohl regelmäßig aus dem Gesichtspunkte der übermäßigen Kraftanstrengung frei wird, außerdem natürlich auch, wenn die geschuldeten Gegenstände zu denen gehören, deren Ausfuhr verboten ist. Soll dagegen die Ware an einen Ort im neutralen Auslande geschickt werden, dann ist auch jetzt noch zu leisten. Frei wird der Lieferant nur dann, wenn die betreffenden Waren infolge der Ausfuhrverbote des Reichskanzlers vom 31. Juli und 31. August 1914, die auf Grund der Kaiserlichen Verordnung vom 31. Juli 1914 (RGBl. S. 267), betr. das Verbot der Ausfuhr und Durchfuhr von Rohstoffen, die bei der Herstellung und dem Betriebe von Gegenständen des Kriegsbedarfs zur Verwendung gelangen, erlassen wurden, nicht mehr ausgeführt werden dürfen.

Für die Verträge mit Ausländern für Auslandsbedarf gilt entsprechend das bisher Gesagte.

Eine außerordentlich häufige Erscheinung im Handelsleben sind die Lieferfristen. Handelt es sich um kurze und ist die Vertragserfüllung im Verlaufe des Krieges unmöglich geworden, so werden sie meist erloschen sein. In sehr vielen Fällen wird aber hier auch nur eine zeitweise Unmöglichkeit angenommen werden dürfen. Anders bei den langen Lieferfristen, die bis über das Ende des Krieges hinaus laufen. Ist der Lieferungsvertrag, der ihre Grundlage bildet, infolge Unmöglichkeit der Leistung nach dem bisher Erörterten als erledigt anzusehen, so sind damit auch die Lieferfristen für immer wirkungslos geworden. Blieb jedoch der eigentliche Vertrag bei Bestand, so laufen die Fristen weiter und die Leistung muß dann nach Beendigung des Krieges wieder nach den alten Fristen bewirkt werden.

Von besonderer Bedeutung für die Kriegszeit ist die Frage, wann die Gefahr übergeht. Die Ware kann z. B. wegen der Verkehrssperre nicht an den Käufer befördert werden, sie wird teilweise unbrauchbar. Den Verkäufer trifft keine Schuld. Wer trägt die Gefahr? Nach § 446 BGB. geht diese „mit der Übergabe" der verkauften Sache auf den Käufer über. Also erst mit der Übergabe, d. h. mit dem Teil der Erfüllung, durch den dem Käufer die tatsächliche Herrschaft über die Sache verschafft wird. Bis zur Übergabe aber haftet der Verkäufer, im Gegensatz zum römischen Recht, wo die Gefahr schon mit dem Vertragsabschluß überging; denn es galt der Grundsatz: periculum est emtoris.

Mehr als beim gewöhnlichen Kauf zeigt sich die Einwirkung des Krieges beim sog. Versendungskauf. Hier geht die Gefahr schon auf den Käufer über, wenn der Verkäufer die Sache dem Spediteur, dem Frachtführer oder der sonst zur Ausführung der Versendung bestimmten Person oder Anstalt ausgeliefert hat (§ 447 BGB.). Diese Gefahrverschiebung zuungunsten des Käufers tritt aber eben nur ein, wenn der Verkäufer auf Verlangen des Käufers die verkaufte Sache nach einem anderen Orte als dem Erfüllungsort versendet. In allen anderen Fällen greift § 446 Platz. Das Verlangen des Käufers zur Übersendung braucht jedoch keineswegs ausdrücklich erklärt zu werden. Es kann sich aus den Umständen ergeben. Insbesondere aber ist es infolge eines allgemeinen und rechtlich längst anerkannten Handelsgebrauchs bei Übersendungskäufen so lange anzunehmen, als nicht der Käufer dem Verkäufer gegenteilige Anweisungen gibt."[42])

Der Verkäufer erfüllt mit der Versendung eine Nebenbestimmung des Kaufvertrags, und die ihm in dieser Hinsicht obliegende Pflicht richtet sich auf die Versendungsart. Er muß die Ware ordentlich verpacken, er muß aber auch mit der im Verkehr erforderlichen Sorgfalt eine geeignete Beförderungsperson auswählen. Hat er dies getan, so haftet er nicht für die Schäden, welche die Beförderungsperson schuldhaft verursacht. § 278 BGB. greift hier nicht ein[43]).

Darf aber der Verkäufer in jedem Falle die gekaufte Sache absenden? Allgemein bejaht werden kann das nur, wenn es der

---

[42]) Staudinger, § 447 Anm. 3 S. 624.

[43]) RGRKomm. § 447 Anm. 3.

Käufer ausdrücklich verlangt hat. Sonst muß der Verkäufer im Sinne und zum Wohle des Käufers die Bestimmung selbst treffen. Schickt er den Kaufgegenstand während einer ihm bekannten Verkehrsstockung, z. B. während der Mobilmachungstage oder der zeitweiligen Absperrung gewisser Gebiete ab und verdirbt sie, weil sie nicht befördert wird, oder versendet er die wertvollen Möbel gerade zu der Zeit, wo die geschlossenen Güterwagen für das Heer benötigt und die Güter daher nur auf offenen Wagen befördert wurden, und werden sie infolgedessen beschädigt, so trifft die Schuld den Verkäufer; er muß dem Käufer auf sein Verlangen Schadensersatz leisten[44]).

Kann oder darf der Verkäufer die Sache nicht absenden, so hat er sie wenigstens ordentlich zu verwahren und vor Eingriffen dritter zu schützen, eine Pflicht, die sich aus den §§ 157, 242 BGB. ergibt.

Hat nun der Verkäufer der Beförderungsperson ordnungsmäßig die Sache übergeben, so erhebt sich die Frage, wie sich deren Haftung gestaltet. Die hauptsächlichsten Beförderungspersonen sind Post und Eisenbahn.

Im allgemeinen leistet die Post nach § 6 des Gesetzes über das Postwesen des Deutschen Reiches vom 28. Oktober 1871 „dem Absender im Falle reglementsmäßig erfolgter Einlieferung Ersatz" für den Verlust und die Beschädigung von Briefen mit Wertangabe und von Paketen mit oder ohne diese. Außerdem für den Verlust der „rekommandierten Sendungen".

Im Kriegsfalle aber kann die Post gemäß § 15 des angeführten Gesetzes durch öffentliche Bekanntmachung j e d e Vertretung ablehnen. Die Beförderung geschieht dann nur auf Gefahr des Absenders.

Ungünstiger ist die Lage beim Verkehr mit Österreich-Ungarn; denn nach Art. 42 des Postvertrags zwischen Deutschland und der österreichisch-ungarischen Monarchie vom 7. Mai 1872 (RGBl. 1873 S. 1) bleibt die Verbindlichkeit zu Ersatzleistungen ausgeschlossen, wenn der Verlust, die Beschädigung oder die ver-

---

[44]) Staudinger, § 447 Anm. 9 S. 627; RGRKomm. § 447 Anm. 5. AA.: Dernburg, Endemann und Cosack, die einen Rückfall der Gefahr an den Verkäufer annehmen.

zögerte Beförderung oder Bestellung einer Sendung durch den Krieg herbeigeführt worden ist.

Auch der Verkehr mit den neutralen Staaten kann unter Kriegsbestimmungen gestellt werden. Die Weltpostübereinkommen vom 26. Mai 1906 (bes. Art. 17 des Vertrags, betr. den Austausch von Postpaketen, RGBl. 1907 S. 672) haben die Klausel, „daß jedes Land den Austausch der Sendungen zeitweise, abgehenden wie eingehenden, ganz oder zum Teil einstellen kann, wenn außergewöhnliche Verhältnisse vorliegen, die eine derartige Maßnahme zu rechtfertigen geeignet sind". Zu diesen ist der Krieg zweifellos zu rechnen. Wird der Verkehr aber wie gewöhnlich aufrechterhalten, so bleibt auch die Friedenshaftung.

Bei der Haftung der Eisenbahn für Sachschaden — Personenschaden kommt für unsere Erörterungen nicht in Betracht — müssen wir unterscheiden zwischen aufgegebenen und nichtaufgegebenen Gütern. Den ersteren liegt ein Frachtvertrag zugrunde, die Haftung bestimmt sich nach dem Handelsgesetzbuch und der Eisenbahnverkehrsordnung. Bei den nicht aufgegebenen richtet sich die Haftung nach den Vorschriften des Bürgerlichen Gesetzbuchs über unerlaubte Handlungen, sonst nach Landesrecht, z. B. in Preußen nach dem Eisenbahngesetz von 1838.

Mit Rücksicht auf ihre wirtschaftliche Bedeutung hat die staatliche Bahnverwaltung „Transportzwang", darf also im allgemeinen die Beförderung der Güter nicht ablehnen. Nur insoweit hat sie gemäß Art. 47 der Reichsverfassung das Recht dazu, als die Bahn zu militärischen Zwecken in Anspruch genommen wird. In Ausführung dieses Artikels 47 sind durch das Kriegsleistungsgesetz vom 13. Juni 1873 (RGBl. S. 129) und seine Ausführungsverordnungen vom 1. April 1876, durch die Militärtransportordnung vom 18. Januar 1899, den Militärtarif vom 18. Januar 1899 und die deutsche Wehrordnung (§§ 125—128) die Rechte der zuständigen Behörden und die Pflichten der Eisenbahnen im einzelnen des näheren geregelt[45]). Die Grundbestimmung dazu gibt § 31 des Kriegsleistungsgesetzes:

„Die Verwaltungen der Eisenbahnen auf dem Kriegsschauplatz selbst oder in der Nähe desselben haben bezüglich der Einrichtung,

[45]) Vgl. Eger, DJZ. 1914 S. 1099.

Fortführung, Einstellung und Wiederaufnahme des Bahnbetriebs den Anordnungen der Militärbehörde Folge zu leisten."

Das gilt für alle Bahnen des Deutschen Reiches. Denn durch die Kaiserliche Verordnung vom 1. August 1914 sind alle als in der Nähe des Kriegsschauplatzes gelegen bezeichnet worden.

Wenn auch die Bahn dann infolge der Inanspruchnahme durch die Militärbehörde von der Beförderung privater Güter entbunden ist, so bleibt ihr doch nach § 64 der Eisenbahnverkehrsordnung die Pflicht, die Güter vorläufig zu lagern, „soweit es die Räumlichkeiten gestatten". Für Lieferfristüberschreitungen kann die Bahn in solchen Fällen allerdings nicht haftbar gemacht werden.

Was die Preise der Waren betrifft, so ist der Verkäufer keineswegs berechtigt, wegen des Krieges den vereinbarten Preis für nicht mehr bindend anzusehen und höhere Preise zu fordern. Tut er dies dennoch und bietet ihm der Käufer den vereinbarten Preis und nimmt diesen der Verkäufer nicht an, so kommt er in Annahmeverzug. Ist eine Zahlungsfrist ausbedungen, so darf der Verkäufer trotz den veränderten wirtschaftlichen Verhältnissen im allgemeinen nicht Barzahlung verlangen. Ausnahmen können unter Umständen zulässig sein. Die Barzahlung „kann aber", wie der Minister für Handel und Gewerbe in einem an die Handelsvertretungen gerichteten Runderlaß vom 22. August 1914[46]) sagt, „nicht plötzlich zum allgemeinen geschäftlichen Grundsatz erhoben werden, wenn nicht das gesamte Wirtschaftsleben gefährdet werden soll. Die nachdrückliche Mahnung, die der Deutsche Handelstag an seine Mitglieder gerichtet hat, weist mit Recht darauf hin, daß, wer durch sein unnötig rigoroses Verhalten die Interessen der Allgemeinheit verletzt, Gefahr läuft, daß ihm selbst von den Banken, insbesondere der Reichsbank, der Kredit entzogen oder beschränkt wird."

Als allgemeiner Grundsatz muß gelten: Die alten Bedingungen bleiben aufrechterhalten, neue Verträge können unter neuen Bedingungen abgeschlossen werden. Eine Durchbrechung des ersten Satzes gestattet nur der Tatbestand des § 321 BGB.

---

46) Abgedruckt in der „Korrespondenz der Ältesten der Kaufmannschaft von Berlin", 1914 S. 251.

Es sei noch erwähnt, daß die Einberufung zum Kriegsdienst den Verkäufer nicht befreit, da er ja nicht notwendig in Person leisten muß.

Zu prüfen wäre endlich noch die Frage, welchen Einfluß die staatliche Beschlagnahme bereits verkaufter Waren auf das zwischen dem Verkäufer und dem Käufer bestehende Rechtsverhältnis hat[47]).

Dem Verkäufer ist die Leistung unmöglich geworden durch die Beschlagnahme, einen Umstand, den weder er noch der andere Teil zu vertreten hat (§ 323 I BGB.). Dadurch verliert der Verkäufer den Anspruch auf den Kaufpreis und muß den etwa schon erhaltenen als ungerechtfertigte Bereicherung zurückgeben (§ 323 III BGB.). Er bekommt aber vom Staat für die beschlagnahmten Waren einen Ersatz in Geld.

Der Käufer kann deshalb gemäß § 281 I BGB. statt des ursprünglich geschuldeten Gegenstandes diese Enteignungssumme verlangen, ist aber dann zur Gegenleistung verpflichtet (§ 323 II BGB.), d. h. er muß den vereinbarten Kaufpreis zahlen. Doch kann er einfach den Überschuß der Enteignungssumme über den Kaufpreis fordern. Daß die Enteignungssumme als ein „Ersatz" im Sinne des § 281 BGB. zu gelten hat, kann nach der herrschenden Lehre nicht bezweifelt werden (Enneccerus, Lehrb. I § 269 II).

Als Pflichten des Käufers stellt § 433 II BGB. auf, den vereinbarten Kaufpreis zu zahlen und die gekaufte Sache abzunehmen. Der Preis ist im allgemeinen bei Übergabe der gekauften Sache Zug um Zug zu zahlen (Bar- oder Handkauf). Doch ist das nicht gesetzlich festgelegt, so daß durch Parteiabreden und Verkehrsübung auch andere Bestimmungen getroffen werden können.

Bei Versendungskäufen ist der Käufer verpflichtet, den Kaufpreis auf seine Kosten und Gefahr dem Gläubiger an dessen Wohnsitz zu übermitteln. Die Einziehung des Geldes durch Nachnahme wird von der überwiegenden Meinung[48]) als unstatthaft angesehen, da der Käufer die empfangene Ware erst prüfen muß. Im allgemeinen wird diese Regel auch durch den Krieg nicht auf-

---

[47]) Vgl. den Artikel Ehrhardts in der „Deutschen Tageszeitung".

[48]) Staudinger, § 433 IX 1 a Abs. 3 S. 576; RGRKomm. § 433 Anm. 9; ROHG. 13 S. 187.

gehoben. Eine Ausnahme kann bloß durch § 321 BGB. herbeigeführt werden.

Diese Grundsätze beziehen sich aber nur auf schwebende Kaufgeschäfte. Beim Abschluß neuer kann auch Voraus- oder Nachnahmezahlung vereinbart werden.

Als Nebenverpflichtung setzt das Bürgerliche Gesetzbuch die Abnahmepflicht des Käufers fest, er muß den Kaufgegenstand tatsächlich abnehmen. Das ist nicht gleichbedeutend mit der Annahme, die eine „Billigung der vom Verkäufer angebotenen Ware als der geschuldeten Leistung bedeutet."[49]) Erst durch diese wird der Käufer Eigenbesitzer und in der Regel Eigentümer der Ware, durch die Abnahme nur ihr Inhaber. Deren Wert für den Verkäufer liegt darin, daß er nunmehr von der in Kriegszeiten oft recht lästigen Verwahrung und Beaufsichtigung der Sache entbunden wird. Verweigert der Käufer die Abnahme, so kommt er in Verzug.

Der Käufer ist zur Abnahme der Waren und zur Zahlung des Kaufpreises auch verpflichtet, wenn er einberufen wird und nun die gekaufte Sache vielleicht nicht mehr den geringsten Wert für ihn besitzt. Der nachträgliche Wegfall des Interesses befreit den Käufer niemals[50]). Nur gegenseitiges Entgegenkommen kann die hier unvermeidlichen Härten mildern.

Neben dem gewöhnlichen Kaufvertrag hat besondere Bedeutung der Sukzessivlieferungsvertrag, bei dem die Leistung in zeitlich getrennten Raten und die Zahlung für jede Rate abgesondert zu erfolgen hat[51]). Bleibt der Verkäufer mit der Lieferung einer Rate im Rückstande, so ist stets zu prüfen, ob ihn ein Verschulden dabei trifft oder ob die Leistung aus einer nicht zu vertretenden Unmöglichkeit unterblieben ist. Liegt eine Schuld des Verkäufers vor, so muß er dafür einstehen, im zweiten Falle dagegen wird er frei, wenn es sich um eine dauernde Unmöglichkeit handelt; ist diese jedoch nur von kurzer bestimmter Dauer, so wird die Leistung lediglich hinausgeschoben, wenigstens im allgemeinen. Hat z. B. der Käufer eine bestimmte Art Kohlen

---

[49]) RGZ. 53 S. 161; 57 S. 105.

[50]) Vgl. Merkblatt d. LG. Karlsruhe in der „Badischen Rechtspraxis" 1914 Nr. 17; vgl. auch Hueck, DJZ. 1914 S. 1168ff.

[51]) Staudinger, § 433 I a S. 562.

einer bestimmten Grube bestellt, wovon monatlich 1000 Ztr. zu liefern sind, und wird die Kohle völlig von der Heeresverwaltung in Anspruch genommen, so kann die erste Nichtlieferung den Käufer und auch die Grube vom Vertrage freimachen. Denn die Ursache der Nichtleistung ist eine unverschuldete Unmöglichkeit, deren Dauer nicht begrenzbar ist.

Was die Zahlung betrifft, so hat der Verkäufer bei solchen Verträgen nicht das Recht, den Preis für die gelieferten Raten sofort zu verlangen, wenn eine besondere Zahlungsfrist vereinbart worden war.

2. Der Gebrauchsüberlassungsvertrag. Miete.

Als oberster Grundsatz hat auch beim Mietvertrage zu gelten, daß dieser durch den Krieg grundsätzlich nicht berührt wird. Wegen der Wirkungen im einzelnen aber müssen wir hier vier Möglichkeiten unterscheiden.

a) Keine der beiden Parteien ist einberufen.

Ist keine der beiden Parteien zum Heeresdienst eingezogen, so bleibt der Mietvertrag bestehen wie vor dem Kriege, insbesondere wird der Mieter nicht von der Pflicht zur Zahlung des Mietzinses befreit[52]). Diesen aufzubringen, ist in einer Zeit, wo Handel und Gewerbe zum Teil stocken oder daniederliegen, besonders schwer. Lindernd greift hier die Bekanntmachung über die gerichtliche Bewilligung von Zahlungsfristen vom 7. August 1914 ein. Zahlt der Mieter nicht und wird er verurteilt, so kann er unter der Bedingung, daß seine Lage sie rechtfertigt und die

---

[52]) „Um mehrfach aufgetretene Zweifel zu beseitigen, weisen wir darauf hin, daß die Verpflichtung, die Miete weiter zu zahlen, durch den Krieg nicht aufgehoben worden ist.

Insbesondere ist auch die Kriegsunterstützung nicht nur zur Beschaffung des Lebensunterhalts, sondern auch zur Bezahlung der Wohnung mitbestimmt.

In vielen Fällen wird es allen Beteiligten zur Erleichterung dienen, wenn von Mietern und Vermietern — z. B. durch Entrichtung und Annahme von monatlichen und wöchentlichen Mietszahlungen — Entgegenkommen gezeigt wird.

Leipzig, am 24. September 1914.

Der Rat der Stadt Leipzig.
Kriegsunterstützungsamt.

(Leipz. Tageblatt Nr. 492.)

Zahlungsfrist dem Kläger nicht einen unverhältnismäßigen Nachteil bringt, den Antrag auf Bewilligung einer dreimonatigen Zahlungsfrist für die vor dem 31. Juli 1914 entstandenen Geldforderungen stellen. Unter sie fällt in diesem Falle auch der Anspruch auf den Mietzins. Er wird nicht schon mit dem Vertragsabschluß für die ganze Dauer des Mietverhältnisses festgelegt, er entsteht vielmehr „mit jedem Tage, der kleinsten vom Gesetz berücksichtigten Zeiteinheit[53]), von neuem"[54]) und ist abhängig von der Fortgewährung des Gebrauchs der Mietsache, der jedoch jeden Tag entzogen werden kann. Nicht aber kommt es darauf an, ob der Mieter die Sache auch benutzt[54]).

Wie alljährlich waren auch für den Sommer 1914 so viele Sommerwohnungen gemietet worden, in denen abgearbeitete Menschen Erholung zu finden hofften. Da brach der Krieg aus und vereitelte die meisten dieser Pläne. Wie steht es nun mit der Zahlung des Mietzinses?

Eine einheitliche Beantwortung der Frage würde uns zu keinem befriedigenden Ergebnis führen, vielmehr müssen die Umstände des einzelnen Falles genau gewürdigt werden. Als Grundsatz stellt § 552 die Bestimmung auf, der Mieter werde von der Zahlung des Mietzinses nicht befreit, wenn er durch einen in seiner Person liegenden Grund an der Ausübung des ihm zustehenden Gebrauchsrechts verhindert wird. Hat sich ein Beamter für die Sommerferien ein Landhaus gemietet und kann er diese wegen der Einberufung seiner Amtsbrüder und der ihm auferlegten Pflicht, deren Geschäfte mit zu besorgen, nicht auf dem Lande verleben, so muß er trotzdem den Mietzins zahlen: Das Haus steht für ihn bereit; daß er gerade zu der betreffenden Zeit unabkömmlich ist, kann dem Vermieter nicht zugerechnet werden. Letzterer ist gerade in dieser Hinsicht gut gestellt. Er braucht sich von dem Mietzins nur den Wert der ersparten Aufwendungen und der Vorteile abrechnen zu lassen, die er aus einer anderweitigen Verwendung der Mietsache erlangt. Aber er ist nicht verpflichtet, zur Entlastung des verhinderten Mieters die Sache anderweit zu verwerten, ja, er kann nicht einmal gezwungen

---

53) Glaser, aaO. S. 14.

54) Kahn, JW. 1914 S. 860; a. A.: Glaser, S. 14.

werden, einen ihm gestellten Ersatzmieter anzunehmen, vorausgesetzt, daß sich seine Weigerung nicht als „schikanös" erweist[55]).

Im allgemeinen kann dem Mieter auch nicht der Einwand helfend zur Seite treten, daß die Mietsache zur Zeit der Überlassung mit einem Fehler behaftet gewesen sei, der den vertragsmäßigen Gebrauch aufgehoben oder gemindert hätte (§ 537 BGB.). Denn, wie schon erwähnt, die Wohnung als solche hat keinen derartigen Fehler. Sie steht für den Mieter bereit. Bezieht er sie nicht, weil ihm nicht dieselben Bequemlichkeiten geboten werden wie im Frieden — das Haus wird z. B. oft mit Einquartierung belegt —, so ist das kein Grund, ihn von der Mietzinszahlung zu entbinden.

Aber es gibt auch hier gar manchen Fall, wo anders entschieden werden muß. Hat der Mieter die Wohnung bestellt, um in der See durch Bäder sich Erholung zu verschaffen, und wird ihm dies infolge irgendwelcher Umstände unmöglich gemacht — der Ort wird als Beobachtungsposten eingerichtet und für Badegäste gesperrt —, so wird man dem Mieter ein Rücktrittsrecht zugestehen müssen: Der Mietvertrag wurde „unter der selbstverständlichen Bedingung" geschlossen, Bäder nehmen zu können[56]).

Noch eine andere Bestimmung wird hier von Bedeutung, die des § 544 BGB.: Ist die Benutzung der Wohnung mit einer erheblichen Gefährdung der Gesundheit verbunden, so steht dem Mieter das Recht der fristlosen Kündigung zu. Diesen Grundsatz wird man ohne weiteres anwenden dürfen, wenn die Wohnung in einer so gefährdeten Gegend liegt, daß sie durch feindliche Überfälle geschädigt oder vernichtet werden kann, z. B. in den Grenzgebieten Ostpreußens und Elsaß-Lothringens, an den äußeren Teilen der Nordseeküste. Nicht berücksichtigt werden kann jedoch die Gefahr, die durch Fliegerbomben droht; denn einmal sind deren Treffer in hohem Grade dem Zufall unterworfen, zum anderen aber muß auch bedacht werden, daß unter für ihn günstigen Umständen ein feindlicher Flieger auch einmal weiter in deutsches Gebiet eindringen kann und Orte gefährden kann, die sonst völlig gefahrfrei sind. Hier überall das Recht fristloser Kündigung zu geben, wäre unbillig.

---

55) RGRKomm. § 552 Anm. 2.

56) Hasse, Mietverträge und der Krieg, DJZ. 1914 S. 1108.

Die Gefahr für Leib und Leben dauert oft gar nicht lange. Der Feind bricht an einzelnen Stellen in das Grenzgebiet ein, wird aber bald wieder zurückgeschlagen. Trotzdem kann die Zulässigkeit fristloser Kündigung nicht verneint werden. In der Regel sieht man zwar — und mit Recht — einen bloß zeitweiligen, leicht und verhältnismäßig rasch zu beseitigenden Mangel nicht als gesundheitsgefährdend an[57]). Aber neben der Dauer der Gefährdung muß auch deren Stärke berücksichtigt werden[58]), und diese rechtfertigt gerade beim Krieg die Anwendung des § 544 BGB. Wenn Hasse[59]) den Satz aufstellt: „Niemals kann die Möglichkeit der Gefährdung angerechnet werden", so ist er in dieser Allgemeinheit zweifellos unrichtig. Solange noch die Möglichkeit besteht, daß unsere Truppen aus taktischen oder strategischen Gründen sich in unsere Grenzgebiete zurückziehen und einen Teil dieses Landes den Feinden preisgeben, kann man dem Mieter nicht zumuten, das Mietverhältnis aufrechtzuerhalten. Nicht bloß die Orte des eigentlichen Kriegsschauplatzes kommen hier in Betracht, sondern auch die, wo die Möglichkeit der Gefährdung so wahrscheinlich ist, daß mit ihr gerechnet werden muß. Die Beispiele Hasses stützen seine Behauptung nicht im mindesten. In dem Verbot, in den nach der See zu liegenden Zimmern bei unverhängten Fenstern Licht zu brennen, einen Rücktrittsgrund überhaupt nur vermuten zu können, ist unverständlich. Dieses Verbot mag eine kleine Unannehmlichkeit sein, aber weiter auch nichts. Auch die Sturmflut in windreichen Sommern kann hier nicht zum Vergleich herangezogen werden. Im allgemeinen wird man solche Naturereignisse wohl als höhere Gewalt ansehen müssen, was man von der Kriegsgefährdung nicht sagen kann. Dann ist aber außerdem zu bedenken, daß die Sturmflut meist nur kurze Zeit dauert, die Möglichkeit feindlicher Überfälle aber bereits ein halbes Jahr. Gegen die Gewalt der Wogen kann man sich schützen, wenn auch hie und da die Schutzmittel nicht genügen, gegen Mordbrennereien feindlicher Horden aber nur dadurch, daß man der bedrohten Gegend den Rücken kehrt und sicherere Plätze aufsucht. Während dieser ganzen Zeit den Miet-

57) RGZ. 51 S. 211.

58) Oertmann, § 544 Anm. 2b.

59) DJZ. 1914 S. 1107 f.

vertrag aufrechterhalten müssen, wäre eine offenbare Unbilligkeit[60]).

Gegen die Zahlung des Mietzinses ist der Vermieter verpflichtet, dem Mieter den Gebrauch der Mietsache während der Mietzeit zu gestatten. Wie nun, wenn das Wohnhaus im Festungsgebiet oder in militärisch wichtigen Gebieten liegt und die Räumung und Niederlegung von der Militärbehörde kraft des § 43 des Festungsrayongesetzes vom 21. Dezember 1871 befohlen wird? Dann liegt beiderseitige unvertretbare Unmöglichkeit vor, die wegen ihrer unbestimmten Dauer als dauernde zu bezeichnen ist. Beide Teile werden frei, ohne Anspruch auf Schadensersatz zu haben: alle Mietverträge hören auf[61]).

Hat aber der Vermieter die Unmöglichkeit verschuldet, indem er auf durchziehende Truppen schoß, und mußte deshalb das Haus geräumt werden oder wurde es in Brand gesteckt, so kann der Mieter Schadensersatz verlangen (§ 325).

Es fragt sich nun, wie in allen diesen Fällen die Mietverhältnisse an sich zu beurteilen sind. Wenn das Haus nur geräumt werden muß, der Mieter den Mietzins für die Zeit, wo er nicht im Haus wohnen darf, nicht zahlt, aber auch nicht kündigt, so geht der Vertrag weiter bis zu dem vereinbarten Endtermine. Wird jedoch das Haus zusammengeschossen, sei es als Strafe für verräterisches Handeln, sei es, weil es gerade in der Feuerlinie lag, und wird dann zu einer Zeit, wo die Gefahr vorüber ist, ein

---

60) Durch Verordnung des Generalgouverneurs von Belgien vom 20. November 1914, die sich inhaltlich an die Bestimmung des Code civil anschließt, wird gesagt:

Der Mieter kann nach seiner Wahl das Mietverhältnis auflösen oder Herabsetzung der Miete verlangen, nicht nur, wenn die gemietete Sache ganz oder teilweise zerstört worden ist, sondern auch, wenn der Mieter durch die Kriegsereignisse verhindert wird, die Mietwohnung zu benutzen. Ohne Rücksicht auf den Wert des Streitgegenstandes sind die Friedensrichter für zuständig erklärt worden, um den vielfach mittellosen Mietern das kostspielige Verfahren vor dem Landgericht zu sparen.

Diese Bestimmung wird besonders den Deutschen zugute kommen, die aus Belgien ausgewiesen wurden oder das Land aus begründeter Furcht vor Verfolgungen verließen.

Das Gesetz hat sein Vorbild in den Entscheidungen französischer Richter aus dem Jahre 1870. (Tägl. Rundschau, Nr. 575, 1. Beilage.)

61) Ebenso Hasse, DJZ. 1914 S. 1108.

neues gebaut, so gehen die alten Mietverträge, auch wenn nicht gekündigt wurde, nicht etwa auf das neue Haus über; denn dieses ist nicht gleichbedeutend mit dem früheren. Die Mietverträge für das alte Haus bleiben wegen der dauernden Unmöglichkeit, sie darin fortzusetzen, erloschen.

Der Kriegsausbruch hat die Vollendung vieler im Bau begriffener Häuser gehindert: dem Bauherrn wurden die Arbeiter zum Teil eingezogen, zum Teil die Pferde und die Lastwagen ausgehoben. Hatte der Unternehmer die Wohnungen schon vermietet und sind sie am festgesetzten Tage nicht beziehbar, so liegt eine Unmöglichkeit vor. Ob sie vom Vermieter zu vertreten ist oder nicht, wird von den Umständen des Einzelfalles abhängen. Konnte man im Rahmen der vertragsmäßigen Kraftanstrengung dem Unternehmer zumuten, Ersatzarbeiter zu stellen, so wird er die Unmöglichkeit vertreten müssen. Mag diese Entscheidung auch zunächst hart erscheinen, so kann sie doch nicht als unbillig bezeichnet werden. Als der Unternehmer die Mietverträge zum 1. Oktober 1914 abschloß, zwang ihn niemand dazu, sein eigener Wille war maßgebend, die Wahl des Vertragsbeginns stützte sich auf seine Berechnungen, daß er zu einem bestimmten Zeitpunkte das Haus fertiggestellt haben würde. Er hätte sich aber zugleich sagen müssen, daß unvorhergesehene Umstände seine Pläne zunichte machen können, und in seiner Hand lag es, sich durch Klauseln den Weg des Rücktritts vom Vertrag offenzuhalten. Es darf auch die Lage des Mieters nicht unbeachtet bleiben. Die alte Wohnung hatte er gekündigt, die neue kann nicht bezogen werden: er ist wohnungslos. Findet er nun eine Wohnung, die teurer ist als die für den 1. Oktober gemietete, so entspricht es nur der Billigkeit, daß ihm der Vermieter gemäß den §§ 280, 286 (284 II), 325 BGB. Schadensersatz leisten muß[62]). Doch kann sich der Mieter nach § 325 BGB. auch mit dem Wegfall des Anspruchs des Vermieters auf den Mietzins begnügen[62]).

Es bleibt für uns nun noch die Frage der Einquartierung zu erörtern.

Nach § 546 BGB. hat der Vermieter die auf der Sache ruhenden Lasten zu tragen, eine Bestimmung, die sich aus dem

[62]) Merkbl. d. LG. Karlsruhe, „Bad. Rechtspraxis" 1914 S. 182.

Wesen des Mietvertrags ergibt; denn dieser verschafft dem Mieter nicht das Eigentum, sondern nur ein Gebrauchsrecht an der Mietsache. Deswegen ist stets zu prüfen, ob es sich um eine Last handelt, die der Vermieter als Eigentümer zu tragen hat[63]), oder um eine rein persönliche Auflage, die in gleicher Weise den Mieter treffen kann[64]). Dieser Unterschied tritt deutlich auch bei den Kriegsleistungen hervor.

Die Quartierleistung im Kriege ist durch das Gesetz über die Kriegsleistungen vom 13. Juni 1873 geregelt. Dessen § 3 bestimmt:

„Dem Reiche gegenüber sind zunächst die Gemeinden zu nachfolgenden Leistungen verpflichtet:

1. Gewährung des Naturalquartiers für die bewaffnete Macht, einschl. des Heergefolges, sowie der Stallung für die zugehörigen Pferde, beides, soweit Räumlichkeiten hierfür vorhanden sind."

Nach § 6 aber sind die Gemeinden berechtigt, die zur Teilnahme an den Gemeindelasten verpflichteten sowie die sonst in der Gemeinde sich aufhaltenden oder Eigentum in derselben besitzenden Angehörigen des Reichs zu Naturalleistungen und Diensten aller Art heranzuziehen, insbesondere auch die in den Gemeindebezirken gelegenen Grundstücke und Gebäude zu benutzen und sich nötigenfalls zwangsweise in deren Besitz zu setzen. Die der Gemeinde durch die Leistungen entstehenden Barkosten müssen von den zur Teilnahme an den Gemeindelasten Verpflichteten aufgebracht werden.

Die Gemeinden sind berechtigt, Naturalquartier und Verpflegung für eigene Rechnung zu übernehmen und die erwachsenden Kosten auf die hierdurch von unmittelbarer Leistung befreiten Pflichtigen nach Verhältnis ihrer Verpflichtungen zu Naturalleistungen umzulegen (§ 6 II).

Zur Leistung des Quartiers sind also zunächst die Gemeinden verpflichtet. Sie können diese Last aber auf die Gemeindeangehörigen verteilen. Damit ist die Quartierleistungspflicht zu einer persönlichen Last des Mieters geworden und ruht

---

63) Niendorff, Mietrecht S. 173.

64) Staudinger § 546 Anm. 1 S. 883.

nicht mehr auf der Mietsache. Deshalb wäre eine Nichtzahlung des Mietzinses wegen Einquartierung, vielleicht aus dem Gesichtspunkte des § 537, also wegen eines Mangels, wodurch der Berechtigte am Genuß der Mietsache ganz oder teilweise gehindert wird, oder eine fristlose Kündigung, weil dem Mieter der vertragsmäßige Gebrauch der Wohnung entzogen werde (§ 542 BGB.), durchaus unzulässig. Die Einquartierung ist eine persönliche Last, die sich aus dem Untertanenverhältnis des einzelnen zum Reich ergibt, und kann deshalb nicht abgeschüttelt werden. Daraus erklärt es sich auch, daß der Mieter für die Bestreitung dieser Last sich nicht an den Vermieter halten, sondern nach § 7 des Kriegsleistungsgesetzes nur von der Gemeinde Vergütung verlangen kann.

Es erhebt sich nun die Frage, ob man zu derselben Entscheidung auch dann greifen soll, wenn dem Mieter die Wohnung durch die Einquartierung feindlicher Soldaten entzogen wird. Man muß das aber verneinen. Es handelt sich in diesem Falle nicht mehr um eine aus dem Untertanenverhältnis sich ergebende Einschränkung, die der Mieter tragen muß, vielmehr liegt darin eine Nichtgewährung der Wiederentziehung des vertragsmäßigen Gebrauchs. Der Mieter ist gemäß § 537 von der Entrichtung des Mietzinses befreit oder er kann nach § 542 II ohne Einhaltung einer Kündigungsfrist das Mietverhältnis lösen[65]).

b) Der Mieter ist einberufen.

Ist der Mieter zum Kriegsdienst eingezogen, so bleibt der Mietvertrag ebenfalls unberührt und kann nur mit der gesetzlichen oder vereinbarten Frist gekündigt werden. Bis dahin muß der eingezogene Mieter den Zins zahlen: er wird nur durch einen in seiner Person liegenden Grund an der Ausübung des Gebrauchsrechts gehindert, und dadurch wird er nach § 552 BGB. nicht befreit. Unanwendbar ist auch die Vorschrift des § 570 BGB., nach der Militärpersonen im Fall der Versetzung nach einem anderen Ort das Mietverhältnis unter Einhaltung der gesetzlichen Frist lösen können. Denn als Versetzung ist eine durch staatliche Behörden verfügte Verlegung des Wohn- und Amtssitzes nach

---

[65]) Mittelstein, Miete 3. Aufl. S. 281.

einem anderen Orte nur dann anzusehen, wenn ihre zeitliche Geltung nicht zu gering bemessen ist. Nach dem Urteil des Reichsgerichts vom 22. Februar 1883[66]) ist als Mindestgrenze die Dauer von sechs Monaten anzunehmen. Ausdrücklich wird diese Dauer durch die Verordnung vom 23. Mai 1878, betr. die Umzugskosten des Soldatenstandes des preußischen Heeres (Armeeverordnungsblatt 12. Jahrg. S. 127), festgelegt: „Einer Versetzung wird gleichgeachtet ein Kommando zu einer auswärtigen Dienstfunktion, dessen längere als sechsmonatige Dauer von vornherein feststeht, bzw. ein gleiches Kommando, dessen Dauer von vornherein unbestimmt ist, sobald feststeht, daß dasselbe voraussichtlich länger als sechs Monate dauern wird.“

Wenn nun auch der Krieg schon über sechs Monate um unsere Grenzen tobt, so kann man doch bei einer Verlegung des Soldaten in den Schützengraben nicht von einer „Versetzung“ sprechen. Doch muß man diese als gegeben ansehen bei einem Offizier, der zum Kommandanten einer eroberten Festung ernannt wird.

Erfüllt der eingezogene Mieter seine Zahlungsverbindlichkeiten nicht, so kann er trotzdem nicht zur Zahlung verurteilt und gepfändet werden. Denn nach § 2 des Notgesetzes, betr. den Schutz der infolge des Krieges an Wahrnehmung ihrer Rechte verhinderten Personen vom 4. August 1914, wird das Verfahren, das gegen Eingezogene in bürgerlichen Rechtsstreitigkeiten anhängig ist oder wird, unterbrochen. (Näheres hierüber im Abschnitt „Kriegsnotgesetze“.)

c) Der Vermieter ist einberufen.

Der Mietvertrag wird auch durch die Einberufung des Vermieters nicht berührt. Nur die Frage tritt hier an uns heran, an wen der Mietzins gezahlt werden soll. An sich ist allein der Vermieter zu dessen Einziehung berechtigt (§ 535 Satz 2). Bei seiner Einberufung hat er demnach die Pflicht, einen Bevollmächtigten zu bestellen. Tut er das nicht, so wird man im Zweifel seine Ehefrau als dazu befugt ansehen dürfen, vorausgesetzt, daß sie sich bisher schon um die Mietgeschäfte des Mannes

---

66) RGZ. 8 S. 74.

gekümmert hat. Sonst ist auch sie nicht und damit also niemand zur Entgegennahme des Geldes berechtigt. Der Schuldner kann sich aber in diesem Falle, wo er seine Verbindlichkeit aus einem in der Person des Gläubigers liegenden Grunde zu erfüllen nicht imstande ist, damit helfen, daß er den Mietzins bei einer durch die Landesgesetze (Art. 144, 145 EG.BGB.) bestimmten Hinterlegungsstelle verwahrt (§ 372 BGB.).

d) Beide Parteien sind einberufen.

Sind Mieter und Vermieter zum Heeresdienst einberufen, so bleibt der Mietvertrag gleichfalls unberührt. Der Vermieter hat einen Bevollmächtigten zur Entgegennahme des Mietzinses zu bestellen, der Mieter muß den Zins weiter zahlen bis zum Ablauf der Mietzeit.

3. Arbeitsvertrag.

a) Dienstvertrag.

Wir wenden uns nun dem weitaus wichtigsten Teile unserer Betrachtungen zu, dem Arbeitsrecht, und suchen zunächst die Einflüsse des Krieges auf den Dienstvertrag zu erforschen.

Der grundlegende § 611 BGB. bestimmt: „Durch den Dienstvertrag wird derjenige, welcher Dienste zusagt, zur Leistung der versprochenen Dienste, der andere Teil zur Gewährung der vereinbarten Vergütung verpflichtet.“ Wie beim Mietvertrag werden wir auch hier die verschiedenen Möglichkeiten prüfen müssen.

α) Keine der beiden Parteien ist eingezogen.

Ist weder Arbeitgeber noch Arbeitnehmer zum Kriegsdienst einberufen, so besteht der Dienstvertrag weiter fort. Er wird durch den Krieg an sich überhaupt nur dann berührt, wenn der Dienstverpflichtete eingezogen wird, nicht aber — im allgemeinen wenigstens — bei Einberufung des Dienstherrn. Im übrigen wirkt der Krieg nur mittelbar auf den Vertrag durch Beeinflussung der wirtschaftlichen Lage des Arbeitgebers ein. Aber die Gefahr wirtschaftlicher Schwierigkeiten hat der Geschäftsherr zu tragen, und er hat nicht das Recht, sie auf den Arbeitnehmer abzuwälzen. Insbesondere darf er nicht ohne Einwilligung des anderen Teiles das Gehalt kürzen, etwa in der Weise, daß er ihn unter der Androhung sofortiger Entlassung auffordert, von nun an mit der Hälfte des Gehalts tätig zu sein. Hier würde der Geschäftsherr ohne weiteres zur Zahlung des vollen Lohnes verurteilt werden, wie auch das KG. Breslau entschieden hat[67]).

Als eine der wichtigsten Fragen tritt uns beim Dienstvertrag immer wieder die der fristlosen Kündigung entgegen. An sich gilt auch in Kriegszeiten das gesetzliche oder vertragliche Kündigungsrecht. Eine Ausnahme schafft § 626 BGB.: Das Dienstverhältnis kann von jeder Partei ohne Einhaltung einer Kündigungsfrist gelöst werden, wenn ein „wichtiger Grund" vorliegt. Dieselbe Bestimmung findet sich in § 70 HGB. für die Handlungsgehilfen.

Eine allgemeine Begriffsabgrenzung des wichtigen Grundes läßt sich schwer geben. Mehr denn sonst bedürfen hierbei die Lage und die besonderen Umstände des Einzelfalles einer verständigen Würdigung. Aber es ist Rümelin[68]) beizupflichten, wenn er sagt, der wichtige Grund müsse entweder mit dem persönlichen Verhältnisse der Parteien zueinander oder mit der vertragsmäßigen Leistung zusammenhängen. Nicht jeder irgendwie persönlich wichtige Grund darf zur Kündigung hinreichen, hieße dies doch, den Grundsatz von Treu und Glauben zu mißachten und von Rechts wegen dem Dienstvertrag die Clausula rebus sic stantibus einfügen. Es müssen Umstände vorliegen, unter denen dem vom Vertrag Zurücktretenden die Fortsetzung des Vertragsverhältnisses nach verständigem Ermessen nicht zugemutet werden kann[69]). Gleichgültig ist es bei dieser Erwägung, ob der Grund in einer der beiden Parteien liegt, ob der eine oder andere Teil Schuld trägt, ob äußere oder innere Umstände die Beendigung des Verhältnisses herbeiführen[70]). Doch muß bei der Beurteilung der Wichtigkeit des Grundes ein anderer Maßstab angelegt werden, wenn es sich um Dienste höherer Art handelt, als bei bloß mechanischen einfachen Dienstleistungen[71]).

Bezüglich der Wirkung der sofortigen Kündigung ist zu

---

67) Abgedruckt in „Unser Recht in Kriegszeiten", Sonderblatt des V. D. H. Sp. 135, 136.

68) Dienst- und Werkvertrag 1905 S. 292.

69) Ähnlich Staub § 70 Anm. 5.

70) RGZ. 58 S. 257, 38 S. 27, 23 S. 167.

71) RGZ. 78 S. 22.

unterscheiden, ob sie berechtigt war oder nicht. War sie gerechtfertigt und trägt keine der beiden Parteien die Schuld, so kann nach § 628 BGB. der Dienstverpflichtete einen seinen bisherigen Leistungen entsprechenden Teil der Vergütung verlangen. Hat aber der Dienstverpflichtete durch sein vertragswidriges vertretbares Verhalten die Kündigung seitens des Dienstberechtigten veranlaßt oder kündigt er, ohne durch ein vertragswidriges Verhalten des anderen Teiles dazu veranlaßt worden zu sein, so steht ihm für die bisherigen Leistungen ein Anspruch auf Vergütung nur dann zu, wenn sie für den Dienstherrn ein Interesse haben. Das wird bei den meisten mechanischen Diensten der Fall sein, nicht aber bei denen höherer Art. Wird die Kündigung durch vertragswidriges Verhalten des anderen Teiles veranlaßt, so ist dieser zum Ersatz des durch die vorzeitige Aufhebung des Dienstverhältnisses entstehenden Schadens verpflichtet (§§ 628 II BGB., 70 II HGB.). Ist die Kündigung aber unbegründet, so wirkt sie wie eine gewöhnliche befristete Kündigung auf den nächst zulässigen Kündigungstermin[72]). Im übrigen greifen die allgemeinen Bestimmungen ein.

Der Krieg als solcher ist kein wichtiger Grund im Sinne der §§ 626 BGB., 70 HGB.[73]); denn, wie schon erwähnt, wirkt er nur mittelbar auf das Vertragsrecht ein. Der Krieg an sich hängt weder mit den persönlichen Verhältnissen der Parteien zueinander noch mit der vertragsmäßigen Leistung zusammen. Eine fristlose Kündigung schlechthin wäre demnach hier nur kraft ausdrücklicher Parteivereinbarung zulässig.

Unmittelbar auf das Dienstverhältnis wirken nur die Folgen des Krieges ein. Sind sie als wichtige Gründe anzusehen?

Es ist natürlich, daß durch die Einberufung mehrerer Millionen Männer und durch die im Gefolge des Krieges allerorten auftretende Arbeitslosigkeit die allgemeine Kaufkraft ganz erheblich vermindert worden ist. Sehr viele Betriebe und Geschäfte mußten deshalb eingeschränkt werden. Trotzdem bietet dies keinen genügenden Grund zur fristlosen Entlassung[74]). Eine

---

[72]) Ritter, Komm. z. HGB. § 70 Anm. 4.

[73]) Ebenso Urteil des KG. München vom 17. Okt. 1914; Staub § 70 Anm. 5, Düringer und Sohm in ihren Gutachten für d. B. D. H.

[74]) JW. 03 S. 11.

wirtschaftliche Notlage fällt auf die Schultern des Unternehmers. Es wäre unbillig, diese auf den Arbeiter, der nur seine Arbeitskraft vermieten kann, abzuwälzen. Zu diesem Ergebnis führt auch der Umkehrschluß aus dem gegenteiligen Falle, der wirtschaftlichen „Hochkonjunktur“[75]), wo sich nicht die geringste besondere rechtliche Wirkung auf das Arbeitsverhältnis zeigt. Zu beachten ist ferner, daß beim Konkurs, selbst wenn er unverschuldet ist, dem Geschäftsherrn keineswegs das Recht auf fristlose, sondern nur auf gesetzliche Entlassung zusteht (§ 22 KO.).

Auch die Rechtsprechung[76]) hat sich auf den Standpunkt gestellt, daß bloße ungünstige Geschäftslage und daraus folgende Betriebseinschränkung nicht zur sofortigen Entlassung berechtigt, somit kein „wichtiger Grund“ ist.

Die Geschäftseinschränkung wird es sehr oft mit sich bringen, daß der Angestellte zwar zur Leistung seiner Dienste imstande ist, diese aber für den Geschäftsherrn unverwertbar sind. Nimmt letzterer die ihm dargebotenen Dienste nicht an, so kommt er in Annahmeverzug und hat dem Verpflichteten die vereinbarte Vergütung zu leisten unter Abrechnung des Ersparten oder anderweit Erworbenen. Hat nun der Dienstherr gerade für die angebotenen Dienste keine Verwendung, so muß der Angestellte auch eine andere ihm vom Geschäftsherrn gewährte Stellung übernehmen, soweit ihm das zugemutet werden kann[77]). So braucht der Geschäftsherr einen Reisenden nicht auf die Reise zu schicken, „wenn hieraus mit Sicherheit lediglich Aufwand von Spesen, aber keinerlei Geschäftsgewinn zu erwarten ist“[78]). Der Reisende muß in diesem Fall eine ihm dargebotene Stelle als Schreiber annehmen, das kann ihm zugemutet werden.

Einen Entlassungsgrund gibt auch der Umstand nicht ab, daß durch Einziehung eines Teils der Angestellten der Betrieb gestört wird[79]). Man kann von dem Geschäftsherrn verlangen

---

[75]) Urt. d. KG. Frankfurt a. M., August 1914 in „Gesetz und Recht“ XVI, 117.

[76]) Urt. d. KG. Frankfurt a. M., August 1914. Urt. d. GG. Berlin, Kammer III, vom 1. Oktober 1914.

[77]) Ähnl.: Urt. d. KG. Leipzig vom 5. Sept. 1914; anders: Urt. d. KG. München v. 12. Sept. 1914, beide in G.- u. KG. XX Nr. 1.

[78]) Baum im Sonderblatt d. V. D. H. Sp. 132.

[79]) Baum, Einfluß S. 817.

— immer natürlich im Rahmen von Treu und Glauben —, daß er neue Arbeitskräfte selbst unter gewissen Opfern einstellt, um die Fortsetzung des Betriebs zu ermöglichen.

Wie ist es nun zu beurteilen, wenn das Geschäft völlig aufgegeben wird? In diesem Falle müssen die Gründe, die zur Aufgabe führten, untersucht werden. Zu Beginn des Krieges glaubte gar mancher Geschäftsherr, nun würde eine schwere Zeit über das gesamte Leben hereinbrechen, man müsse sich bis aufs äußerste einschränken, seine Waren, die vielleicht nicht eben Gegenstände des täglichen Lebens waren, würden nicht mehr gekauft: Er schloß das Geschäft und entließ fristlos seine Angestellten. Es leuchtet ein, daß diese Handlungsweise durchaus ungerechtfertigt war. Gewiß kann der Geschäftsherr nicht gezwungen werden, lediglich um der Arbeiter willen das Geschäft fortzuführen. Aber solange nicht die eigentliche Kriegsnot ihn zu solch schwerwiegendem Schritte nötigt, darf er nicht von dem äußersten Mittel, der sofortigen Entlassung, Gebrauch machen. Er handelt sonst schuldhaft, er wird des Vertragsbruches schuldig. Und es kann Elster[80]) nur zugestimmt werden, wenn er in einer derartigen Handlungsweise nicht bloß eine vertretbare Unmöglichkeit sieht, sondern eine schuldhafte Schadenszufügung im Sinne des § 823 BGB., die gegen den zwischen Arbeitgeber und -nehmer abgeschlossenen Arbeitsvertrag verstößt.

Dagegen wird man dem Geschäftsherrn das Recht zur fristlosen Entlassung zugestehen müssen, wenn sein Betrieb von der Heeresverwaltung geschlossen wird. Liegt doch darin eine von keiner der Vertragsparteien verschuldete Unmöglichkeit, die das Vertragsverhältnis auflöst.

Werden aber von der Heeresverwaltung nur gewisse, zum Betrieb des Werkes nötige Stoffe beschlagnahmt, so muß das freie Ermessen des Richters im einzelnen Fall entscheiden, ob darin ein „wichtiger Grund" zu erblicken ist. Im allgemeinen darf das wohl verneint werden, wenn die Beschlagnahme nur eine nicht erhebliche Zeit dauert. So hat das KG. Leipzig[81]) es

---

[80]) Elster, Kriegsnot oder Vertragsbruch, im „Arbeitsrecht" I. Jahrg. Heft 3/4 S. 130 ff.

[81]) Urteil vom 5. Sept. 1914, abgedruckt im Sonderblatt des V. D. H. Sp. 136.

nicht als wichtigen Grund angesehen, wenn infolge Beschlagnahme des zum Betrieb der Dieselmotoren erforderlichen Paraffinöles der Betrieb gänzlich eingestellt wird. Hier widerspreche die fristlose Entlassung dem Grundsatz von Treu und Glauben und der Verkehrssitte. Ganz im Gegensatz dazu steht das Urteil des KG. Jena[82]) vom 21. August 1914: Die Beklagte ist durch die Beschlagnahme des zur Fabrikation ihrer Maßstäbe dringend erforderlichen Benzins nicht mehr in der Lage gewesen, ihren Betrieb aufrechtzuerhalten; deshalb war sie zur sofortigen Kündigung ihren Angestellten gegenüber berechtigt. Da die Unmöglichkeit von keinem Teile verschuldet war, mußte § 323 Anwendung finden. Der Billigkeit dürfte die vorhergehende Entscheidung mehr entsprechen; denn einmal nimmt die Jenenser zuviel Rücksicht auf das Interesse des Geschäftsherrn und vergrößert dadurch nur die ohnehin durch den Kriegsausbruch gefährdete Lage der Dienstverpflichteten. Zum anderen erscheint sie insofern nicht zutreffend, als sie sich auf die Unmöglichkeitsgrundsätze stützt. Wir vertraten oben den Standpunkt, daß Unmöglichkeit nur dann anzunehmen sei, wenn der Wegfall des Hindernisses überhaupt nicht erwartet werden könnte oder dieser Zeitpunkt nicht mit Bestimmtheit für die nächste Zeit vorauszusehen sei. Es war aber von Anfang an anzunehmen, daß das Benzinverbot nur kurze Zeit währen würde, wie es ja auch tatsächlich der Fall war. Deshalb stand der beklagten Firma nicht das Recht zu, ihre Angestellten sofort zu entlassen.

Von der oben erwähnten Unverwertbarkeit der Dienste ist scharf zu trennen die Unmöglichkeit der Dienstleistung. Die erstere bringt den Geschäftsherrn in Annahmeverzug und verpflichtet ihn gemäß § 615 BGB. zur Gehaltszahlung. Die Unmöglichkeit dagegen hebt, soweit sie unverschuldet ist, das Vertragsverhältnis auf ohne die Verpflichtung zur Gehaltszahlung. Dieser Fall ist z. B. gegeben, wenn der Gehilfe zur Dienstleistung im feindlichen Ausland angenommen war oder in solchen Gegenden des Inlands, in denen „durch militärische Maßnahmen die Dienstleistung verhindert wird."[83]) Unmöglich ist die Leistung auch dann, wenn

---

[82]) G.- u. GK. XX Nr. 1 S. 26.
[83]) Baum, Einfluß S. 817.

der Gehilfe für ein bestimmtes Zweiggeschäft zur Dienstleistung verpflichtet war, der Geschäftsraum aber durch kriegerische Maßregeln zerstört oder infolge der allgemeinen Verkehrsstockung gar nicht fertiggestellt werden konnte.

Wir behaupteten schon oben, daß der Geschäftsherr nicht zur fristlosen Entlassung seiner Angestellten berechtigt sei, wenn er das Geschäft wegen der Unmöglichkeit lohnenden Weiterbetriebs [84]) schließe. In ähnlicher Weise hat das KG. Offenbach [85]) entschieden, indem es ein überwiegendes Interesse des Besitzers an der fristlosen Kündigung für den Fall verneinte, daß der Geschäftsbetrieb infolge der Einschränkung „kaum rentabel" war.

Um so unverständlicher ist ein Urteil desselben Gerichts [86]), in dem die sofortige Entlassung damit gerechtfertigt wird: „Die Klage ist kostenpflichtig abzuweisen mit der Begründung, daß der Krieg eine katastrophale Wirkung für den Verklagten bedeutet, so daß dieser sich vis-à-vis de rien befindet." [87])

Es tauchen hier zwei Fragen auf: Bedeutet der Krieg eine katastrophale Wirkung? Gibt augenblickliche schlechte Vermögenslage einen Grund zur sofortigen Kündigung?

„Katastrophale Wirkung" heißt, in die Rechtssprache übersetzt, „höhere Gewalt". Über diesen Begriff streiten sich zwei Lehren: Die absolute sieht als höhere Gewalt alle Ereignisse an, die von außen her eingreifen und die unter gewöhnlichen Umständen voraussehbaren Gefahren merklich übersteigen. Nach der relativen Lehre sind die jedesmaligen Verhältnisse zu berücksichtigen und „zu prüfen, ob der Handelnde auch bei Anwendung eines höheren Grades von Aufmerksamkeit und Vorsicht imstande war, die Gefahr vorauszusehen und abzuwenden." [88]) Diese Auffassung muß als die zutreffendere angesprochen werden; wird sie doch durch Berücksichtigung des Einzelfalls und Verwerfung eines allgemeinen Maßstabes den Vorfällen gerechter als die absolute Lehre.

---

[84]) Ähnl.: KG. Jena im G.- u. KG. XX 1 S. 27; a. A.: JW. 1912 S. 52.

[85]) Abgedr. i. Sonderbl. d. B. D. H. Sp. 135; Frankfurter Zeitg. vom 10. Nov. 1914; ebenso Baum, Einfluß S. 817.

[86]) Abgedr. i. Sonderbl. d. B. D. H. Sp. 135.

[87]) Die Gründe dieses Urteils waren mir nicht zugänglich, so daß ohne sie auf das Urteil eingegangen werden muß.

[88]) RGRKomm. § 203 Anm. 2.

Die politische Spannung war schon seit Jahren aufs Äußerste gestiegen, und mehr als einmal schien der Weltkrieg ausbrechen zu wollen. Jeder vorsichtige Geschäftsmann hätte mit dieser Möglichkeit rechnen müssen. Aber abwenden hätte auch er den Krieg nicht können, selbst bei Anwendung des höchsten Grades von Aufmerksamkeit und Vorsicht, weil er hierauf gar keinen Einfluß auszuüben vermochte. Demnach wäre also der Krieg als höhere Gewalt anzusehen? Und doch ist dem nicht so, wenn wir das Vertragsrecht ins Auge fassen. Denn nicht der Krieg an sich, sondern erst seine Folgen haben, wie schon erwähnt, Handel und Verkehr ins Stocken gebracht. Sollen diese Folgen als höhere Gewalt gelten? Das muß verneint werden. Jeder Geschäftsherr konnte sich sagen, daß der Krieg für die nächste Zeit unvermeidlich sei, infolgedessen beim Kriegsausbruch die Bahnen zeitweilig gesperrt würden, Rohstoffe schwer zu bekommen sein und vielleicht er oder seine Angestellten eingezogen werden würden. Die Wirkungen des Krieges auf das Geschäftsleben waren also voraussehbar. Sie konnten aber auch abgewandt werden: Der Geschäftsherr hatte die Möglichkeit, sich durch Aufnahme von Kriegsklauseln in die Verträge zu schützen, sich für den Kriegsfall von jeder Verbindlichkeit freizuhalten. Tat er dies nicht — und sonderbarerweise ist es sehr oft unterlassen worden[89]) —, so trifft ihn die Schuld, und er hat die Folgen zu tragen. Mit dem Begriff der höheren Gewalt wird man also insoweit nichts erreichen können[90]).

Aber nicht alle Folgeerscheinungen des Krieges waren vorauszusehen. Wer hätte ahnen sollen, daß das Krämervolk auf den britischen Inseln alle Gegenstände für Konterbande erklären würde, die gerade ihm dazu geeignet schienen? Wer hätte sich sagen können, daß durch die Einwirkung englischer Lügenberichte auch die neutralen Staaten zeitweise den Handelsverkehr mit uns ruhen ließen und so manche Rohstoffe unserer Industrie zu fehlen begannen? Wenn nun aus diesen Gründen Leistungen nicht bewirkt, Verträge nicht erfüllt werden konnten, ist das höhere Gewalt? Auch hier muß die Antwort verneinend ausfallen.

---

89) Vgl. Recken, Die Kriegsklausel in Reklameverträgen. LZ. 1914 Nr. 24.

90) Ebenso Düringer, LZ. 1914 S. 1614.

Sogar gegen diese unvoraussehbaren Wirkungen konnte sich der Geschäftsmann durch allgemeinlautende Kriegsklauseln schützen. Hat er dies aber hier nicht getan, so trifft ihn kein Verschulden; denn, da diese Kriegsfolgen nicht vorausgesehen werden konnten, liegt eine nicht zu vertretende Unmöglichkeit vor, der Verpflichtete wird frei.

Anders ist die Sachlage, wenn sich der Krieg in unserem eigenen Lande abspielt[91]), wie jetzt in Teilen Elsaß-Lothringens und früher Ostpreußens. In diesem Falle lassen selbst die größten Rohstofflager, die erforderliche Zahl der Arbeiter die Weiterführung der Arbeit nicht zu. Mit Brand, Plünderung, steter Bedrohung des Lebens wirkt hier der Krieg ganz unmittelbar auch auf die einzelnen Rechtsverhältnisse ein und ist ohne Zweifel als höhere Gewalt anzusehen.

Kann das Offenbacher Urteil aber aus dem Grunde gerechtfertigt erscheinen, daß sich der Verklagte „vis-à-vis de rien" befindet, d. h. mittellos, zahlungsunfähig ist? Ist dieser Zustand ein wichtiger Grund zur fristlosen Entlassung?

Nach § 71 I Ziff. 2 HGB. kann der Handlungsgehilfe für sofort kündigen, wenn der Geschäftsherr das Gehalt nicht gewährt. Daraus ergibt sich, da die Zahlungsunfähigkeit nicht unter den zur sofortigen Kündigung seitens des Prinzipals berechtigenden wichtigen Gründen des § 72 erwähnt ist, durch Umkehrschluß, daß dem Geschäftsherrn nicht das Recht zusteht, wegen Zahlungsunfähigkeit fristlos zu kündigen, daß er vielmehr für sie einstehen muß. (Vgl. auch Kündigungsrecht im Konkurs.)

Aus diesen Erwägungen heraus ist dem Urteil des KG. Offenbach nicht beizustimmen. Aber ebenso einseitig und unverständlich ist ein Urteil desselben Gerichts vom 6. Oktober 1914. Einem Handlungsgehilfen war am 1. August auf Ende des Monats gekündigt worden. Wegen des Krieges wurde er am 10. August plötzlich entlassen. Das Gericht erkannte für „Recht", daß die Firma das Gehalt bis Ende August nicht zu zahlen braucht. „Es handelt sich hier nicht um eine schlechte Konjunktur, wie sie im normalen Verlauf der Volkswirtschaft immer einmal vorkommt, sondern um eine wirtschaftliche Katastrophe von ganz einzigartiger

---

[91]) Ebenso Düringer und Sohm in ihrem Gutachten für den V. D. H.

Bedeutung, um ein wirtschaftliches Unglück gefährlichster Art. Daß der Beklagte, der hiervon mit betroffen, einen Handlungsgehilfen, der für ihn zu entbehren ist, sofort entlassen kann, vermag das Gericht nicht zu bezweifeln. Ein wichtiger Grund zur fristlosen Kündigung ist gegeben."

Ganz abgesehen davon, daß die fristlose Entlassung hier durchaus nicht gerechtfertigt war, weil der Betrieb nur eingeschränkt wurde, war es ein juristisches Unding, einen Angestellten, dem mit bestimmter Frist gekündigt war, plötzlich fristlos zu entlassen. Die Beklagte war in diesem Falle ganz selbstverständlich verpflichtet, das Gehalt bis Ende August zu zahlen.

Daß auch bei teilweiser Zahlungsunfähigkeit die sofortige Entlassung nicht berechtigt ist, hat das KG. Breslau[92]) in seinem Urteil vom 26. August 1914 ausgesprochen: „Wenn die Beklagte behauptet, daß der größte Teil ihrer Außenstände infolge des Krieges uneinziehbar geworden sei, so muß ihr erwidert werden, daß nach der Bekanntmachung über die gerichtliche Bewilligung von Zahlungsfristen vom 7. August 1914 die ordentlichen Gerichte nur eine dreimonatige Zahlungsfrist bewilligen können und daher Außenstände nicht ohne weiteres uneinziehbar geworden sind."

In letzter Zeit hat noch eine andere Frage die Gemüter lebhaft bewegt: Kann ein Angestellter bloß aus dem Grunde, weil er die Staatsangehörigkeit eines mit uns im Krieg liegenden Staates besitzt, fristlos entlassen werden? Die Mehrheit[93]) scheint es bis jetzt verneinen zu wollen, und zwar hauptsächlich mit der Begründung, das Gesetz biete keine Bestimmung, aus der die Zulässigkeit dieses Schrittes hergeleitet werden könne, und die einzige Rettung, durch „wichtigen Grund" zur Bejahung der Frage zu kommen, sei nicht gegeben.

Dem kann durchaus nicht beigestimmt werden. Bei Kriegsbeginn haben unsere Feinde ihre deutschen Angestellten fristlos, ohne Gehalt entlassen und — mit den anderen Deutschen in Sammellagern zusammengepfercht, bloß um ihrer Staatsangehörigkeit willen.

Als ganz selbstverständlich hätte man erwarten können, daß

---

[92]) G.= u. KG. XX Nr. 1 S. 31.

[93]) Oertmann im „Recht" 1914 S. 632 ff.; Lotmar, Ed. Meyerstein, Mantel im G.= u. KG. XX Nr. 2.

unsere Regierung Vergeltungsmaßregeln gegen die Angehörigen der feindlichen Staaten anordnen würde. Diese Hoffnung hat sich nicht erfüllt. So müssen wir denn versuchen, auf einem anderen Wege zu einem befriedigenden Ergebnis zu kommen, und hier hilft uns allem Widerspruch der Gegner zum Trotz gerade die Anwendung des „wichtigen Grundes"*). Die Staatsangehörigkeit ist nirgends als solcher im Gesetz angeführt, aber — auch nirgends ausgeschlossen. Im § 626 BGB. wird nur ganz allgemein vom „wichtigen Grund" gesprochen, im § 72 HGB. heißt es: „als wichtiger Grund ..... ist es ..... namentlich anzusehen", und im § 133b GO. steht: „wenn ein wichtiger, nach den Umständen des Falles die Aufhebung rechtfertigender Grund vorliegt." Es wird damit dem freien richterlichen Ermessen ein weiter Spielraum gelassen, und es steht demnach keine gesetzliche Bestimmung im Wege, die feindliche Staatsangehörigkeit als wichtigen Grund anzunehmen. Bei der Begriffsabgrenzung des wichtigen Grundes forderten wir oben das Vorhandensein von Umständen, unter denen dem vom Vertrag Zurücktretenden die Fortsetzung des Vertragsverhältnisses nach verständigem Ermessen nicht zugemutet werden kann.

Für einzelne Fälle wollen dies Mantel und Meyerstein anerkennen: ersterer, wenn der Angestellte „echt wahre" Reuter- oder Havasmeldungen im Geschäft anklebe oder verbreite, letzterer, wenn der Dienstverpflichtete durch sein Benehmen das völkische Empfinden der Mitarbeiter oder des Prinzipals verletze. Daß hier ein wichtiger Grund vorliegt, kann überhaupt nicht bezweifelt werden; denn in dem angegebenen Verhalten ist eine „erhebliche Ehrverletzung" im Sinne des § 72 Ziff. 4 HGB. zu erblicken, die ohne weiteres zur sofortigen Entlassung berechtigt.

Aber es kann auch keinem Zweifel unterliegen, daß gerade in diesem Kriege gegen diese Feinde die feindliche Staatsangehörigkeit als solche Grund genug ist, um dem Ausländer fristlos zu kündigen. Wenn man bedenkt, in welch schmachvoller Weise die Feinde unsere deutschen Brüder behandelt haben: sofortige Entlassung, Einsperrung, ungenügende Nahrung; wenn man an belgische oder

*) Ebenso Niese, dessen Aufsatz „Entlassung von Handlungsgehilfen wegen Zugehörigkeit zu einem feindlichen Staate" in G.- u. KG. XX, 4, mir erst bei der Drucklegung dieser Arbeit zu Gesicht kam.

russische Scheußlichkeiten denkt: Augenausstechen usw., dann kann man keinem wahrhaft deutsch Fühlenden mehr zumuten, einen Angehörigen dieser Völker im Dienst zu behalten, ihm ein Fortkommen zu bieten, man kann aber auch nicht verlangen, daß er noch die gesetzliche oder vertragliche Kündigungsfrist einhält und sein gutes deutsches Geld, das wahrlich zu Besserem verwandt werden kann, solchen Leuten gibt. Meyerstein verkennt vollkommen die Sachlage, wenn er behauptet: „Der deutsche Richter hat die Aufgabe, das Recht zu finden und Recht zu sprechen; es ist nicht seines Amtes, im Gegensatz zum Gesetze politischen Erwägungen Geltung zu verschaffen." Nicht um politische Erwägungen handelt es sich bei der Entlassung feindlicher Ausländer, sondern um die Betätigung des höchsten und edelsten Gefühls, der vaterländischen Gesinnung. Und es muß Meyerstein aufs schärfste widersprochen werden, wenn er darin das Wirken eines „verblendeten Chauvinismus" sieht. Er führt als Beispiel einen Russen an, der nur noch „formell" zu Rußland gehört, aber vielleicht nicht einmal mehr richtig die russische Sprache beherrscht und die geistige Fühlung mit dem Zarenreiche verloren, es jedoch in Friedenszeiten versäumt hat, sich die deutsche Staatsangehörigkeit zu erwerben. Hierauf gibt es nur eine Antwort: Weshalb hat er das unterlassen? Die Gründe sind ja so mannigfach: Vielleicht hat er sich gesagt, daß der Deutsche bei seiner bedauerlichen Sucht nach dem Ausländischen einen russischen Violinspieler lieber hört als einen deutschen, vielleicht hat er gedacht, als eingebürgerter Deutscher hätte er mehr Pflichten und Lasten zu tragen, wer kennt seine Gedanken? Derartige Leute will Meyerstein geschützt wissen? Nein, niemals kann man einem Deutschen unter den jetzigen Verhältnissen zumuten, mit einem Feind des eigenen Landes zusammen zu arbeiten.

Es mag zunächst vielleicht sonderbar erscheinen, einem Gefühl einen so starken Einfluß auf Vertragsverhältnisse zu gewähren. Doch haben wir hier schon genügend Beispiele im Gesetz. Nach § 72 HGB. kann der Handlungsgehilfe fristlos entlassen werden, wenn er im Dienste untreu ist oder sich erhebliche Ehrverletzungen gegen den Geschäftsherrn zuschulden kommen läßt. Die Treue und die Ehre werden also geschützt, und das Strafgesetzbuch läßt auch dem Gefühl der Ehrfurcht gegenüber Verstorbenen seinen

Schutz angedeihen, indem es verbietet, ihn zu verleumden (§ 189 StrGB.). Kann da auch nur der leiseste Zweifel sich regen, daß man auch dem höchsten und edelsten Gefühl, dem vaterländischen, deutschvölkischen, dieselbe Stellung einräumen muß wie dem Gefühl der Ehre und Treue und Liebe? Sicherlich nicht! Und deshalb kommen wir zu dem Ergebnis, daß das vaterländische Gefühl ein „wichtiger Grund" ist, der zur sofortigen Entlassung eines Angehörigen unserer Feinde berechtigt.

Neben die Dienstverpflichteten des BGB. und die Handlungsgehilfen stellen wir die der Gewerbeordnung Unterstehenden. Sie zerfallen in mehrere Gruppen:

a) die Betriebsbeamten, Werkmeister und Techniker (§ 133a GO.),
b) die gewerblichen Arbeiter, deren Arbeitsverhältnis auf weniger als vier Wochen oder deren Kündigungsfrist nicht über 14 Tage vereinbart ist (§ 122 GO.),
c) die Arbeiter, deren Arbeitsverhältnis auf mindestens 4 Wochen abgeschlossen ist oder die eine längere als 14tägige Kündigungsfrist haben (124a GO.),
d) die gewerblichen Lehrlinge (§ 126 GO.).

Die unter a und c Genannten sind den Handlungsgehilfen und den Dienstverpflichteten des BGB. gleich zu behandeln. Auch sie können wegen wichtigen Grundes fristlos entlassen werden (§§ 133b, 124a GO.). Nicht aber trifft dies für die unter b Aufgezählten zu. Für sie kommen nur die Bestimmungen der §§ 123, 124 GO. in Betracht. Ihnen droht also nicht die Gefahr, wegen wichtigen Grundes sofort gekündigt zu bekommen, vielmehr haben sie bei Entlassung Anspruch auf die Fortzahlung des Lohnes für die zweiwöchige Kündigungsfrist. Was endlich die Lehrlinge angeht, so kann deren Lehrverhältnis während der ersten vier Wochen durch einseitigen Rücktritt aufgelöst werden. Nach dieser Zeit können auch sie nur noch entlassen werden, und zwar gemäß den §§ 127b, 127a GO., nicht aber wegen wichtigen Grundes.

β) Der Arbeitnehmer ist eingezogen.

Wesentlich anders gestaltet sich das Verhältnis zwischen einberufenem Arbeitnehmer und nicht eingezogenem Arbeitgeber.

Durch den Dienstvertrag wird der Verpflichtete gehalten, die zugesagten Dienste zu leisten, und zwar im Zweifel in Person (§ 613 BGB.). Das wird durch die Einberufung unmöglich gemacht, ohne daß eine der Vertragsparteien daran schuld hätte. Es fragt sich nun, welche Bedeutung dies für das Bestehen des Vertrages hat. In erster Linie ist die Dauer der Unmöglichkeit zu berücksichtigen. Ist diese keine erhebliche, so bleibt der Vertrag in Kraft und der Dienstverpflichtete behält den Anspruch auf die Vergütung.

Als eine „verhältnismäßig nicht erhebliche Zeit" im Sinne des § 616 BGB. gilt eine im Verhältnis zur ganzen Dauer der Dienstleistung geringe Verhinderung. Doch ist außerdem die Gesamtlage der Vertragsparteien, die Größe des Betriebs, der Umfang und die Art der durch das Wegbleiben des Dienstverpflichteten entstandenen Störung in Rücksicht zu ziehen[94]). Ein Unterschied muß auch zwischen höheren Angestellten und einfachen Arbeitern gemacht werden. Bei den ersten muß die Frist weiter ausgedehnt werden als bei den letzteren.

Im BGB. selbst finden wir keinen Anhaltspunkt für die zulässige Dauer der Verhinderung. Dagegen gibt uns das HGB. einen Fingerzeig. Es bestimmt im § 72 Ziff. 3 als wichtigen Grund, der den Prinzipal zur sofortigen Entlassung des Handlungsgehilfen berechtigt, eine die Zeit von acht Wochen übersteigende militärische Dienstleistung. Acht Wochen würden demnach als verhältnismäßig nicht erhebliche Zeit nicht die Endigung des Arbeitsvertrags zur Folge haben. Doch es war bereits bei Kriegsausbruch vorauszusehen, daß die Dauer von acht Wochen weit überschritten werden würde. Es lag also eine Unmöglichkeit der Leistung vor, deren Frist nicht genau abgegrenzt werden kann. Unter Berücksichtigung der Größe des Betriebs und der durch die Einberufung entstandenen Störung sowie der Stellung des Eingezogenen müssen wir auch hier wieder den oben erwähnten Satz Kisch's anwenden: „Die Unmöglichkeit ist dann eine dauernde, wenn sich nicht aus allgemeinen Erfahrungssätzen oder aus den Umständen des Einzelfalls sichere Anhaltspunkte dafür ergeben, daß das Hindernis entfallen wird, und zwar rechtzeitig genug, damit durch die nachträgliche Leistung die Vertragszwecke noch erfüllt werden können[95])."

---

[94]) Fischer-Henle, BGB. § 616 Anm. 2.

[95]) Unmöglichkeit S. 24.

Beim Dienstvertrag geht die Absicht des Dienstherrn dahin, sich dauernd und ohne erhebliche Unterbrechung in den Genuß der Dienste des Verpflichteten zu setzen[96]). Stillschweigende Voraussetzung ist also, daß der Verpflichtete dauernd imstande ist, die vertraglichen Dienste zu leisten. Tritt eine Verhinderung ein und ist sie dauernd oder verhältnismäßig lang, so kann dem Dienstherrn die Fortsetzung des Vertragsverhältnisses nicht zugemutet werden. Solange der Verpflichtete einberufen ist, ist es ihm vollkommen unmöglich, seine Vertragspflichten zu erfüllen. Die Dauer des Krieges, die ja meist gleichbedeutend ist mit der Dauer der Verhinderung, ist unbestimmt, und noch ungewisser ist es, ob der Dienstverpflichtete überhaupt oder in solchem körperlichen Zustande zurückkehrt, daß er seine Dienste wieder aufnehmen kann. Kommt er aber zurück, so ist er „weder verpflichtet noch auch berechtigt, an Stelle des verlorenen Zeitquantums ein anderes von gleicher Dauer am Ende der Vertragsdauer sozusagen anzuflicken."[97]) Wir müssen demnach die Einberufung des Dienstverpflichteten zum Heeresdienst als wichtigen Grund zur sofortigen Entlassung nach § 626 BGB. ansehen. Daraus folgt dann weiter, daß der Dienstherr zur Zahlung des Gehalts nur bis zum Tage der Einberufung verpflichtet ist.

In dieser Hinsicht sind kraft Gesetzesbestimmung besser gestellt die Reichs-, Staats- und Gemeindebeamten. Für sie setzt § 66 des Reichsmilitärgesetzes vom 2. Mai 1874 und 6. Mai 1880 fest:

> „Ihre Stellen, ihr persönliches Einkommen aus denselben und ihre Anciennität sowie alle sich daraus ergebenden Ansprüche bleiben ihnen in der Zeit der Einberufung zum Militärdienst bewahrt. Erhalten dieselben Offiziersbesoldung, so kann ihnen der eine Betrag derselben auf die Zivilbesoldung angerechnet werden, diejenigen, welche einen eigenen Hausstand mit Frau und Kindern haben, beim Verlassen ihres Wohnortes jedoch nur, wenn und soweit das reine Zivileinkommen und Militärgehalt zusammen den Betrag von 3600 M. jährlich übersteigen.

Nach denselben Grundsätzen sind pensionierte oder auf

---

96) ROHG. 8 S. 156.

97) Oertmann, Bankarchiv 1914 S. 390.

Wartegeld stehende Zivilbeamte hinsichtlich ihrer Pensionen oder Wartegelder zu behandeln, wenn sie bei einer Mobilmachung in den Kriegsdienst eintreten.

Obige Vergünstigungen kommen nach ausgesprochener Mobilmachung auch denjenigen in ihren Zivilstellen abkömmlichen Reichs- und Staatsbeamten zugute, die sich freiwillig in das Heer aufnehmen lassen."

Muß aber die fristlose Kündigung dem Angestellten gegenüber erklärt werden? Das ist genau so erforderlich wie bei der gewöhnlichen Kündigung. Die Kündigung ist eine einseitige empfangsbedürftige Willenserklärung und wird nach § 130 BGB. erst wirksam mit dem Augenblick des Zugehens. Nicht zugestimmt werden kann der neuerdings vertretenen Ansicht[98]), es bedürfe keiner ausdrücklichen Kündigung; denn die Einberufung wirke ohne weiteres für beide Teile als fristlose Kündigung, der Dienstvertrag werde „infolge eines besonderen, unabänderlichen Ereignisses kraft Gesetzes selbst aufgehoben."[99]) Wird die Kündigung dem anderen Teil gegenüber nicht erklärt, sei es mündlich, sei es durch Zustellung, so besteht der Vertrag stillschweigend fort, und der Dienstverpflichtete kann in diesem Falle bei seiner Rückkehr fordern, daß ihm der Geschäftsherr gestattet, seine Dienste wieder aufzunehmen. Diese Ansicht, daß das Dienstverhältnis nicht durch die bloße Einberufung aufgelöst wird, hat auch praktische und rechtliche Folgen. Es bleiben, worauf besonders Baum[100]) hinweist, die Bestimmungen des Strafgesetzbuchs, die das Bestehen eines Arbeitsverhältnisses zur Voraussetzung haben, in Kraft, ebenso das Wettbewerbsverbot des § 60 HGB. und die Strafbestimmung des § 17 des Gesetzes über den unlauteren Wettbewerb, die den Verrat von Geschäftsgeheimnissen betrifft.

Wenn die Kündigung nicht mündlich geschehen ist, so wird sie durch Brief erfolgen müssen. Ein gewöhnlicher Brief genügt meist gerade bei dem unsicheren Aufenthaltsort der Soldaten nicht, der Beweis, daß der Angestellte das Schreiben erhalten hat, wäre sehr schwer zu führen[101]). Eingeschriebene Briefe aber befördert die

---

98) Tägl. Rundschau Nr. 215 Beil. S. 860.

99) Korsch, JW. 1914 S. 910.

100) Auflösung, im „Arbeitsrecht" I 3/4 S. 136.

101) Vgl. darüber Baum, Auflösung.

Feldpost nicht. Nach Baum[102]) führt sie nicht einmal Zustellungen aus. So bleibt denn nichts übrig, als gemäß § 132 BGB. die Zustellung nach den besonderen Vorschriften der Zivilprozeßordnung besorgen zu lassen. Nach § 172 ZPO. erfolgt die Zustellung für einen Unteroffizier oder einen Gemeinen des aktiven Heeres oder der aktiven Marine an den Chef der zunächst vorgesetzten Kommandobehörde. An Offiziere ist nach §§ 181, 182 ZPO. eine Ersatzzustellung in ihrer inländischen Wohnung, für Reserveoffiziere, die ein Geschäftslokal haben, auch nach § 183 ZPO. zulässig. Treffen diese Voraussetzungen aber nicht zu, hat insbesondere der Offizier seine Wohnung völlig aufgegeben, so kann die Zustellung gemäß § 201 ZPO. mittels Ersuchens der vorgesetzten Kommandobehörde erfolgen[103]).

Wenn wir oben sagten, die Einberufung sei als wichtiger Grund zur sofortigen Entlassung anzusehen, so darf dies doch nicht ganz allgemein gelten. Die Zulässigkeit der fristlosen Kündigung muß z. B. verneint werden bei Dienstverträgen, die auf Lebenszeit oder auf mehrere Jahre abgeschlossen wurden. Kann doch hier die Verhinderung durch den Kriegsdienst unbedenklich als eine verhältnismäßig nicht erhebliche Zeit bezeichnet werden.

Voraussetzung für die fristlose Kündigung ist aber stets, daß der wichtige Grund zur Zeit der Kündigung vorliegt. Die demnächst zu erwartende Einberufung genügt nicht. Im übrigen braucht die Kündigung nicht unbedingt sofort zu geschehen, doch kann längeres Warten als Verzicht auf sie erscheinen.

Es ist nun oft vorgekommen, daß der Dienstverpflichtete eingezogen, nach wenigen Tagen oder Wochen aber wegen Untauglichkeit wieder entlassen wurde. Oder er ist gleich zu Beginn des Feldzugs verwundet worden und als Invalide vor Ablauf von acht Wochen zurückgekehrt. Was dann, wenn ihm fristlos gekündigt worden war? Es wird hier u. a. von Hippe[104]) die Ansicht vertreten,

---

[102]) Im „Arbeitsrecht" I 3/4 S. 137.

[103]) Ebenso Baum im „Arbeitsrecht" I 3/4 S. 137; Zeitschr. für Justizsekretäre XXV Nr. 8 S. 147.

[104]) Hippe, Krieg und Arbeitsvertrag, in G.- u. KG. XX Nr. 1 S. 37. Im Gegensatz dazu steht das Urt. d. KG. Görlitz v. 5. Okt 1914 (G.- u. KG. XX Nr. 2), das die Frage stellt: Mußte die Bekl. annehmen, daß die Verhinderung erhebliche Zeit dauern würde? Das wird bejaht, der Gehaltsanspruch abgewiesen.

daß dann das Dienstverhältnis fortzusetzen sei. Es habe sich eben herausgestellt, daß die die fristlose Kündigung rechtfertigende Vermutung, der Angestellte würde längere Zeit an der Dienstleistung verhindert sein, falsch war. Handele es sich aber um einen Posten, der auch nur kurze Zeit nicht frei bleiben könne, dann solle die fristlose Kündigung als zu Recht bestehend gelten.

Dem kann nicht zugestimmt werden. Vor allem ist nicht einzusehen, weshalb das eine Mal die Kündigung gelten solle, das andere Mal nicht. Wir kommen vielmehr zu folgendem Ergebnis: Kehrt der Angestellte schon nach kurzer Zeit zurück, so hat sich allerdings die Vermutung der längeren Abwesenheit als falsch herausgestellt. Nur auf sie aber konnte sich die fristlose Kündigung stützen. Fällt die Vermutung weg, so fällt mit ihr das Recht zur *sofortigen* Entlassung. Trotzdem bleibt aber die Tatsache der einmal erfolgten Kündigung bestehen, nur wirkt diese jetzt nicht mehr fristlos, sondern mit der *gesetzlichen* Frist. Für diese kann dann auch der Angestellte Gehalt fordern. Natürlich bleibt es den Parteien unbenommen, andere Abmachungen zu treffen, insbesondere das Vertragsverhältnis ruhig fortzusetzen.

Wenn übrigens Hippe einen rechtlichen Unterschied zwischen Stellungen machen will, die sofort wieder besetzt werden müssen, und solchen, die während des ganzen Krieges unbesetzt bleiben können, so ist das durchaus zutreffend. Selbstverständlich kann einem Geschäftsherrn nicht zugemutet werden, einem einberufenen Angestellten seinen Posten, auf den sofort ein Ersatzmann gestellt werden muß, bis zur Rückkehr freizuhalten. Schon die beiderseits herrschende Ungewißheit, für den Geschäftsherrn die, ob der Angestellte denn auch zurückkehren und seinen Posten wieder einnehmen werden könne, für den Ersatzmann die wirtschaftliche Ungewißheit, wie lange er an dieser Stelle gebraucht werde, fordert eine durchgreifende Entscheidung. Und deshalb darf hier ohne weiteres ein wichtiger, zur sofortigen Entlassung berechtigender Grund in der Einberufung gesehen werden. Anders bei einer minder wichtigen Stelle, die der Geschäftsherr während des Krieges überhaupt nicht besetzt. Zwar kann man den Geschäftsherrn nicht zwingen, den Posten für den bisherigen Inhaber freizuhalten, aber man muß von ihm fordern, daß er die gesetzliche Kündigungsfrist einhält. Ist jedoch einmal fristlos gekündigt worden, so kommt beim vorzeitigen Zurückkehren des Einberufenen nicht mehr der Unterschied in der Bedeutung der Stelle in Betracht. Als Grundsatz ist vielmehr festzuhalten, daß die ungerechtfertigte fristlose Kündigung stets als gesetzliche wirkt.

Für die Handlungsgehilfen gilt im allgemeinen dasselbe wie für die dem Bürgerlichen Gesetzbuch unterstehenden Dienstverpflichteten. Auch nach § 70 HGB. kann beim Vorliegen eines wichtigen Grundes fristlos gekündigt werden. Als solchen gibt § 72 Ziff. 3 eine die Zeit von acht Wochen übersteigende militärische Dienstleistung an. Mit Rücksicht auf diese Bestimmung dürfte eigentlich auch bei der Einberufung erst nach Ablauf von acht Wochen gekündigt werden[105]). Doch da von Anfang an vorauszusehen war, daß der Krieg länger dauern würde, so konnte der Prinzipal schon bei der Einziehung von seinem Rechte Gebrauch machen[105]). Das wird auch allgemein anerkannt.

Sehr bestritten ist dagegen die Anwendbarkeit des Abs. 2 des § 72 HGB.:

> „Erfolgt die Kündigung, weil der Handlungsgehilfe durch unverschuldetes Unglück längere Zeit an der Verrichtung seiner Dienste verhindert ist, so wird dadurch der in § 63 bezeichnete Anspruch des Gehilfen nicht berührt."

Dieser Anspruch aber besteht auf Gehalt und Unterhalt bis zur Dauer von sechs Wochen.

Ist der Krieg als „unverschuldetes Unglück" anzusehen? Das kann man sicherlich nicht behaupten, wenn man seine sittlichen und moralischen Wirkungen auf unser Volk bedenkt. Die begeisterte Vaterlandsliebe, die unendlich vielen und großen, freiwillig gebrachten Opfer, die religiöse Erneuerung. Aber auch in politischer Beziehung darf man das nach dem bisherigen Verlauf der Dinge verneinen. So bliebe denn noch die wirtschaftliche Seite zu erörtern. Es kann nicht geleugnet werden, daß auf feindlicher wie auch auf unserer Seite durch die mittelbaren und unmittelbaren Einwirkungen des Krieges unersetzliche Werte vernichtet wurden und noch werden. So wäre es *vielleicht* möglich, in wirtschaftlicher Hinsicht — aber auch nicht allgemein! —

---

[105]) Gesetz und Recht 1914 S. 572; Baum in G. u. KG. XIX Nr. 12 S. 412.

den Krieg als „Unglück“ zu bezeichnen. Doch nicht der Krieg als solcher reißt die Angestellten von ihrem Posten weg, das lehrt uns ein Blick auf die große Menge der Beamten und Angestellten, die noch jetzt in unserem Lande ihre Ämter versorgen. Erst die Einberufung[106]) läßt das bürgerliche Gewand mit dem militärischen vertauschen, erst sie löst das bisherige Arbeitsverhältnis. So spitzt sich denn die Untersuchung auf die Frage zu: Kann die Einberufung zum Heeresdienst als „Unglück“ angesehen werden? Nur ein glattes Nein! kann hierauf die Antwort sein. Nicht jede unvorhergesehene Tatsache, die den Gehilfen brotlos macht, erfüllt den Begriff „Unglück“. „Es muß sich vielmehr um eine Tatsache handeln, die nach den sozialen Anschauungen der Gesamtheit, nicht bloß der Kreise der Handlungsgehilfen, als eine für den Betroffenen unglückliche erscheint.“[107]) Und es muß, wie Staub[108]) sagt, ein wirkliches Unglück, ein Leid, dem Gehilfen zugestoßen sein. Das ist der Sinn der Bestimmung des § 63 HGB. Zweifellos geht dies auch aus der Entstehungsgeschichte hervor. In der Denkschrift zum HGB. Abs. 1 S. 62 heißt es: Wenn der Handlungsgehilfe nicht durch unverschuldetes Unglück, sondern aus einem anderen von ihm nicht verschuldeten Grunde (Einberufung!) an der Verrichtung seiner Dienste verhindert werde, so sei § 616 BGB. anzuwenden; der Gehilfe könne also die Fortzahlung des Gehalts verlangen, wenn er nur eine verhältnismäßig nicht erhebliche Zeit verhindert sei. „Vermöge dieser Bestimmung wird der Handlungsgehilfe namentlich in der Lage sein, während einer Behinderung, die durch kurze militärische Dienstleistungen oder durch die Erfüllung sonstiger militärischer Verpflichtungen von vorübergehender Dauer veranlaßt ist, das Gehalt weiter zu beziehen. Ihm dieses Recht auch bei länger dauernden Abhaltungen der bezeichneten Art, insbesondere bei der Einberufung zu militärischen Übungen für die Zeit von sechs oder acht Wochen, zuzusprechen, erscheint in Anbetracht der erheblichen Belastung, die hieraus für die kleineren Gewerbetreibenden entstehen würde, nicht angängig.“[109]) Es wurde sogar bei den Beratungen der Antrag

106) Dies. Ans. bei Neukamp u. Baum im Sonderbl. d. V.D.H., Sp. 129/130.
107) Lehmann-Ring, aaO. § 63 Anm. 2.
108) Komm. z. HGB. § 63 Anm. 1a.
109) Abgedruckt in G.- u. GK. XX, Nr. 2, S. 70.

gestellt, statt der Worte „unverschuldetes Unglück" den Ausdruck „unverschuldete Krankheit" zu setzen. Doch wurde dieser Antrag abgelehnt, da dadurch der Gehilfe schlechter gestellt worden wäre als früher. Mit unbezweifelbarer Deutlichkeit geht aus alledem hervor, daß schon die Gesetzgeber den Kriegsdienst nicht als Unglück aufgefaßt wissen wollten.

Aber er ist auch nach den Anschauungen der Gesamtheit kein Unglück, sondern lediglich die Erfüllung des höchsten Staatsgrundgesetzes. Nach Art. 57 der Reichsverfassung ist jeder Deutsche wehrpflichtig. Der Waffendienst ist eine staatsbürgerliche Ehrenpflicht. Ihr genügen zu können, wird sich jeder wahrhaft Deutsche zur höchsten Ehre anrechnen. Und wenn unser oberster Kriegsherr seine Mannen aufruft, um den heiligen Boden des Vaterlandes zu schirmen, wer wollte es wagen, darin ein „Unglück" zu sehen, wenn er nicht von umstürzlerischen Gedanken umstrickt und irregeleitet oder unter den Tönen weltbürgerlicher Friedensschalmeien eingeschläfert wurde?

Wir leben ja nicht mehr in den Zeiten, wo es die Fürsten sich erlaubten, ihre Landeskinder an andere Herrscher zum Kriegsdienst zu verkaufen. Da hätte man ein unverschuldetes Unglück annehmen dürfen. Jetzt aber gilt doch auch bei uns wieder der alte Grundsatz der Römer: Für das Wohl des Vaterlandes zu sorgen, sei das höchste Gebot. Und es ist wahrlich auch unverständlich, hier, wo doch alle Deutschen mehr oder minder von den Folgen des Krieges berührt werden, ein Sonderrecht für einzelne Klassen von Angestellten zu schaffen![110])

Und es ist ganz entschieden eine einseitige Ansicht, die das KG. Mannheim[111]) in seinem Urteil vom 2. September 1914 vertritt: „In dem vorliegenden Prozeß, wo es sich nur um materielle Werte, um eine Geldschuld handelt, kann doch wohl nur dieser wirtschaftliche Gesichtspunkt ausschlaggebend sein." Auch Oertmann steht auf diesem Standpunkt. Dagegen muß immer wieder betont werden, daß die Einberufung erst in allerletzter

---

110) Ebenso: Urt. d. KG. Görlitz vom 5. Oktober 1914 (G.= u. KG. XX Nr. 2).

111) Abgedr. im G.= u. KG. XX Nr. 1; ebenso Urt. vom 6. November 1914 in G.= u. KG. XX Nr. 3 S. 97; ähnlich Oertmann und Korn im „Recht" 1914 S. 951.

Linie etwas mit der wirtschaftlichen Wirkung zu tun hat, und es darf auch nicht vergessen werden, daß in weitgehender Weise für die Eingezogenen durch Unterstützung gesorgt wird.

Im übrigen kann es keinen Unterschied ausmachen, ob der Angestellte zur Ableistung einer Friedensübung oder zum Kriegsdienst einberufen wird[112]). Für das Verhältnis zwischen Geschäftsherrn und Handlungsgehilfen ist es völlig belanglos, wozu die Militärbehörde den letzteren für sich in Anspruch nimmt. Nur das ist von Bedeutung, daß in beiden Fällen der Gehilfe an der Erfüllung seiner Vertragspflicht gehindert wird[113]) und daß diese Verhinderung im Frieden der Geschäftsherr bei einer verhältnismäßig nicht erheblichen Dauer zu tragen hat, während er im Kriegsfall bei Einberufung fristlos kündigen kann, ohne für die Zeit von sechs Wochen das Gehalt noch weiter zahlen zu müssen.

Inzwischen hat sich auch eine obergerichtliche Entscheidung auf unseren Standpunkt gestellt[114]). Vor dem KG. Leipzig klagte ein Handlungsgehilfe gegen seinen Prinzipal, der ihm übrigens sehr weit entgegenkam, auf Zahlung des Gehalts für sechs Wochen. Er wurde abgewiesen, legte aber Berufung ans LG. Leipzig ein zugleich mit dem Gesuch um Bewilligung des Armenrechts. Durch Beschluß vom 25. November 1914 wurde dieses mit der Begründung abgelehnt, daß die Einberufung nicht als „unverschuldetes Unglück" anzusehen sei. Hiergegen erhob der Kläger Beschwerde beim OLG. Dresden. Aber auch diese wurde am 30. Dezember 1914 verworfen mit der Begründung: „Das Oberlandesgericht tritt den Erwägungen bei, von denen sich die beiden Vorinstanzen haben leiten lassen."

Auch auf die für das Dienstverhältnis des Handlungsgehilfen so einschneidende Wettbewerbsklausel hat der Krieg seinen Einfluß erstreckt. Nach dem § 75 HGB. in der alten Fassung, die noch bis zum 31. Dezember 1914 in Kraft bleiben sollte, erlöschen die

---

112) Ebenso Urt. d. KG. Hamburg vom 3. Oktober 1914 (G.- u. KG. XX 2); a. A.: Urt. d. KG. Dresden vom 24. September 1914 (G.- u. KG. XX 2).

113) Ebenso Baum im Sonderbl. d. VDH., Sp. 130; a. A.: Lehmann-Ring, § 63 Anm. 2.

114) Redlich im Leipz. Tageblatt 1915 Nr. 27 S. 6/7.

Ansprüche des Prinzipals, wenn er dem Gehilfen kündigt, es müßte denn dafür ein erheblicher, von ihm nicht verschuldeter Anlaß vorliegen. Kündigt nun der Prinzipal, dann verliert der Gehilfe nicht nur seine Arbeit, sondern auch die Möglichkeit, bei einer Konkurrenzfirma Anstellung zu suchen. Diesem Mißstande suchte — inzwischen ist ja das neue Wettbewerbsgesetz in Kraft getreten — die Bundesratsverordnung vom 10. September 1914 (RGBl. S. 404) abzuhelfen, indem sie den 2. Absatz des erst am 1. Januar 1915 in Wirkung tretenden § 75 in neuer Fassung schon eher mit Rechtswirksamkeit einführte. Danach wird das Wettbewerbsverbot unwirksam, wenn der Prinzipal dem Gehilfen kündigt, es sei denn, daß dafür ein erheblicher Anlaß in der Person des Gehilfen liegt oder „daß sich der Prinzipal bei der Kündigung oder, falls die Kündigung zur Zeit des Inkrafttretens der Verordnung schon erfolgt war, unverzüglich nach dem Inkrafttreten bereit erklärt, während der Dauer der Beschränkung dem Gehilfen die vollen, zuletzt von ihm bezogenen vertragsmäßigen Leistungen zu gewähren".

Ebenso wie bei den Handlungsgehilfen ist die Rechtslage bei den im § 133a GO. genannten Betriebsbeamten, Werkmeistern und Technikern. Auch sie können fristlos entlassen werden beim Vorliegen eines wichtigen Grundes (§ 133b), und als solcher wird im § 133c I Ziff. 4 ausdrücklich bezeichnet: längere Abwesenheit. Die Bestimmung des § 133c II, wonach bei Veranlassung der Abwesenheit durch unverschuldetes Unglück das Gehalt für sechs Wochen weitergezahlt werden muß, findet hier auch keine Anwendung.

Bei den gewerblichen Arbeiten des § 122 GO. ist wieder zu unterscheiden zwischen denen, deren Arbeitsverhältnis auf eine geringere Zeit als vier Wochen oder deren Kündigungsfrist auf 14 Tage vereinbart ist, und denen, deren Arbeitsverhältnis auf mindestens vier Wochen oder deren Kündigungsfrist auf länger als 14 Tage festgesetzt ist. Letztere können aus wichtigem Grunde, also bei der Einberufung, sofort entlassen werden, die ersteren dagegen mangels einer gesetzlichen Bestimmung nicht. Für beide Gruppen aber greifen § 123 I Ziff. 8 und § 124 I Ziff. 1 GO. ein, nach denen fristlose Kündigung zulässig ist, wenn Unfähigkeit zur Fortsetzung der Arbeit eintritt. Jedoch muß diese herbeigeführt sein durch einen nicht im Willen des Arbeiters liegenden Grund[115]), wozu ja die Einberufung zweifellos zu rechnen ist.

Von viel geringerer Bedeutung ist in diesem Zusammenhange die Stellung des Lehrlings, da er meist noch nicht wehrpflichtig ist. Wäre das aber doch der Fall und würde er während der ersten vier Probewochen eingezogen, so könnte das Vertragsverhältnis beiderseits durch einfachen Rücktritt gelöst werden (§ 127b I GO.). Nach Ablauf der Probezeit kann der Lehrherr den Lehrling fristlos entlassen, wenn dieser zur Fortsetzung der Arbeit unfähig ist (§§ 127b II, 123 I Ziff. 8 GO.). Aus demselben Grunde kann der Lehrling seinerseits fristlos kündigen gemäß §§ 124 I Ziff. 1, 127b III Ziff. 1 GO.

γ) Der Arbeitgeber ist einberufen.

Ist der Arbeitnehmer militärfrei, während der Arbeitgeber eingezogen wird, so muß dieser in der Regel die vereinbarte oder gesetzliche Kündigungsfrist einhalten oder aber dem Arbeitnehmer, wenn er ihn fristlos entläßt, den Lohn für die Kündigungsfrist bezahlen. Im allgemeinen wird gerade hier der einzelne Fall besonders beurteilt, die ganze Sachlage berücksichtigt werden müssen. Wenn der Arbeitgeber eingezogen wird, so braucht doch deshalb meist das Geschäft nicht geschlossen zu werden. Ein Vertreter kann die Stelle des Geschäftsherrn ausfüllen, und für einen solchen zu sorgen, kann und muß dem Prinzipal zugemutet werden. Hier und da wird es ihm aber trotz redlichen Bemühungen nicht gelingen, einen vollwertigen Vertreter zu finden, oft wird auch die persönliche Leitung ganz unentbehrlich sein. Hier würde es dem Geschäftsherrn unmöglich werden, das Geschäft weiterzuführen. Da er den die Unmöglichkeit herbeiführenden Umstand aber nicht schuldhaft veranlaßt hat, kommen die Grundsätze des § 323 BGB. zur Anwendung, der Vertrag wird beiderseits aufgehoben, der Angestellte kann nur bis zum Tage des Geschäftsschlusses den Lohn fordern.

δ) Arbeitgeber und Arbeitnehmer werden eingezogen.

Ruft der Kriegsdienst Arbeitgeber sowohl wie Arbeitnehmer von der Stätte ihrer Wirksamkeit weg, so können beide fristlos

---

[115]) Stier-Somlo, GO. § 123 Anm. 10.

kündigen oder sie setzen stillschweigend das Vertragsverhältnis fort.

ε) Das Gesinde.

Was endlich die Dienstboten betrifft, so sind für sie nach Art. 95 EG. BGB. die landesgesetzlichen Gesindeordnungen, z. B. die preußische von 1810, mit ihren Kündigungsvorschriften maßgebend. Wird aber der Dienstbote zum Heeresdienst einberufen, so ist das als ein wichtiger Grund zur sofortigen Entlassung anzusehen. Nicht zulässig ist dies jedoch bei der Einziehung des Dienstherrn; denn auch ohne ihn wird — abgesehen vom Junggesellen, bei dem die fristlose Kündigung aus dem Gesichtspunkt der unverschuldeten Unmöglichkeit gerechtfertigt ist — der Haushalt weitergeführt. Ebenso auch dann nicht, wenn der Haushalt eingeschränkt werden muß. § 626 BGB. greift hier nur ein, wenn der Krieg und seine Folgen auf die besonderen Verhältnisse des Dienstherrn so schlimm eingwirkt haben[116]), daß ihm nach Treu und Glauben die Fortsetzung des Vertragsverhältnisses nicht mehr zugemutet werden kann. Entläßt er ohne diese Voraussetzungen den Dienstboten, so kommt er in Annahmeverzug (§§ 615, 293 BGB.).

ζ) Freiwillige Stellung.

Bei unseren Betrachtungen tritt uns Antwort heischend noch eine ganz neue Frage entgegen: die der freiwilligen Stellung. Daß sie von erheblicher Bedeutung bei den etwa zwei Millionen freiwilligen Meldungen ist, kann nicht bezweifelt werden; denn dem, der diesen Schritt tut, wird es in den meisten Fällen unmöglich werden, seinen Vertragspflichten nachzukommen. So gipfelt denn die Untersuchung in der Frage, ob die durch den freiwilligen Eintritt ins Heer herbeigeführte Unmöglichkeit verschuldet ist oder nicht.

Eine allgemeine Antwort läßt sich nicht geben. Bei der Beurteilung muß besondere Rücksicht auf den einzelnen Krieg genommen werden.

Als wir vor einer Reihe von Jahren den Herero- und Hottentottenaufstand in Deutsch-Südwestafrika niederwerfen mußten, zog es manchen hinaus in den unbekannten Erdteil aus Liebe

[116]) Ebenso Schneider, DJZ. 1914 S. 1035.

zum Vaterland, aus der Lust am Kriegshandwerk, aus Taten- und Abenteurerdrang. War auch die Unterdrückung dieses Aufstandes in den verschiedensten Beziehungen für uns von größter Wichtigkeit, so handelte es sich doch — nur um einen Kolonialkrieg. Verhältnismäßig wenige Tausende Soldaten reichten aus, um das Land unter unserer Oberherrschaft festzuhalten, um Ruhe und Ordnung wieder einzuführen. Stellte sich in diesem Kriege jemand freiwillig, ganz gleichgültig, aus welchen Gründen, und wurde es ihm dadurch unmöglich, seine vertraglichen Pflichten zu erfüllen, so hatte er die Unmöglichkeit verschuldet und konnte schadensersatzpflichtig gemacht werden.

Anders jetzt. Der Weltkrieg, der unsere Grenzen umtobt, ist der seit Jahrhunderten schwerste, den unser Volk durchzufechten hat. Wir mit unseren Verbündeten stehen der ganzen Welt gegenüber. Durch Blut und Eisen wird jetzt um Sein oder Nichtsein entschieden. Der gesicherte Fortbestand, die Herrscherstellung unseres Reiches ist der Siegespreis. Da muß auch die Frage, die uns jetzt beschäftigt, eine andere Wertung erfahren. Es mag ganz vereinzelte Fälle geben, wo jemand sich freiwillig meldet, um sich lästigen Vertragspflichten zu entziehen. Bei den weitaus meisten aber wird Vaterlandsliebe, das heilige Bestreben, dem Vaterlande aus schwerer Not zu helfen, die Triebfeder sein. Und der freiwillig in den Heeresdienst Eintretende wird in einen Widerstreit der Pflichten kommen, der Pflicht, dem Vaterlande zu dienen, und der, ein privates Vertragsverhältnis zu erfüllen. Da kann die Entscheidung im allgemeinen nicht mehr zweifelhaft sein. Dem Vaterlande seine Kraft zu weihen, ist die höchste Pflicht des Staatsbürgers. Unendlich hoch steht sie über der Vertragspflicht, dem Geschäftsherrn täglich viele Bogen Papier mit Zahlen zu beschreiben. Und es ist ganz klar, daß hier die höhere Pflicht der privaten vorgeht[117]). Die durch freiwillige Stellung herbeigeführte Unmöglichkeit, den privaten Vertragspflichten nachzukommen, ist unverschuldet und befreit den Betreffenden von jeder Schadensersatzpflicht.

Im allgemeinen! Es wird natürlich auch hier Fälle geben, wo der freiwillige Eintritt so viel Schaden verursacht, daß es als weniger vaterländisch gedacht erscheinen muß, sich freiwillig zu

117) Dieselbe Ansicht bei Heimann-Tauber, Kaufmännische Rechtsfragen S. 9.

melden, als dazubleiben. Konnte der Besitzer einer großen Fabrik, die trotz dem Kriege viele Aufträge und genügend Rohstoffe hatte und viele nicht eingezogene Arbeiter beschäftigte, keinen Vertreter finden und schloß er deshalb den Betrieb, um sich freiwillig zu melden, so ist der Schaden, den er dem Vaterlande durch die Vergrößerung der wirtschaftlichen Not der Arbeiter zufügte, größer als sein persönliches Opfer, und man könnte hier sehr wohl daran denken, den Geschäftsherrn schadensersatzpflichtig zu machen, jedenfalls aber dazu zu zwingen, den entlassenen Leuten das Gehalt für die gesetzliche Kündigungspflicht noch zu zahlen. Ähnlich läge der Fall, wenn einen Fabrikanten, der Heereslieferungen auszuführen hat, der größte Teil seiner Arbeiter verließe und sich freiwillig meldete, so daß die Lieferungen nur mit Verspätung fertiggestellt und der Fabrikant deshalb eine hohe Vertragsstrafe zahlen müßte. Mit Rücksicht auf die große Bedeutung der rechtzeitigen Lieferung des Heeresbedarfs würde man hier die durch ihre freiwillige Meldung herbeigeführte Unmöglichkeit als schuldhaft bezeichnen und die Arbeiter zum Schadensersatze verpflichten müssen.

b) Werkvertrag.

Der Werkvertrag ist einerseits nahe verwandt dem Dienstvertrag, andrerseits aber auch dem Kauf. Zunächst sei das Verhältnis zwischen Besteller und Unternehmer geprüft. Das Ergebnis dieses Vertragsverhältnisses soll das gegen Entgelt hergestellte Werk sein. Von diesem ordentlichen Endigungsgrunde der Erfüllung weg richtet sich unser Blick auf die außerordentlichen Endigungsgründe: zeigt sich doch in ihnen allein die Einwirkung des Krieges.

Die wichtigste Bestimmung in dieser Hinsicht enthält § 649 BGB.: „Der Besteller kann bis zur Vollendung des Werkes jederzeit den Vertrag kündigen.“ Dieses gesetzliche Recht zur fristlosen Kündigung, das scheinbar allen Grundsätzen von Treu und Glauben widerspricht, beruht, wie die Motive II S. 302 ff. sagen, „auf der gesetzgeberischen Erwägung, daß der Unternehmer an sich kein Recht auf die im Interesse des Bestellers liegende Ausführung selbst habe und auch den Rücksichten auf etwaige Veränderungen der Verhältnisse in der Person des Bestellers Rechnung getragen werden müsse". Wird der Besteller zum Heeresdienst einberufen, so kann er also sofort den Vertrag kündigen. Mit diesem Augenblick erlischt die Verpflichtung des Unternehmers, das Werk noch weiter zu bearbeiten oder fertigzustellen; aber er behält aus dem Vertrag seinen Anspruch auf die vereinbarte Vergütung. Ihm selbst steht das Recht fristloser Kündigung nicht zu. Wird er eingezogen, so ist zunächst zu prüfen, welcher Art das bestellte Werk ist. Handelt es sich um eine höchstpersönliche Verpflichtung des Unternehmers — der Maler hat ein bestelltes Gemälde in Arbeit —, so wird ihm durch die Einberufung die Vertragserfüllung schuldloserweise unmöglich, er wird frei. Ist aber die Leistung nicht in Person zu bewirken, so wird sie meist auch bei Einziehung des Unternehmers von dessen Vertreter noch gefordert werden können. „Man kann sagen: wo nicht einmal der Tod die Erben von der Lieferungspflicht befreit, dort befreit den Unternehmer auch seine Einberufung nicht."[118]) Der Tod befreit ihn aber nur, wenn er in Person zu leisten hatte. Dem Tode gleich steht es, wenn der Unternehmer zur Leistung des versprochenen Werkes dauernd unfähig wird[119]) — dem Maler wird der rechte Arm weggeschossen. — Wird durch freiwilligen Eintritt des Unternehmers in das Heer die Vollendung des Werkes unmöglich, so kann man ihn, wie oben erörtert, trotzdem im allgemeinen nicht schadensersatzpflichtig machen.

Der Unternehmer ist verpflichtet, das Werk rechtzeitig so, wie es bestellt wurde, anzufertigen. Das ist in Kriegszeiten nicht immer möglich. Die zur Herstellung erforderlichen Rohstoffe können z. B. von den Bezugsquellen nicht erlangt werden, sie beginnen zu mangeln; sind sie wirklich noch in genügender Menge vorhanden, so ist ihre Beschaffung an den Herstellungsort durch Sperrung der Verkehrslinien gehindert oder wird doch sehr verzögert, die Arbeiter des Unternehmers werden einberufen, und er kann keinen Ersatz finden, kurz: das Werk wird nicht zur rechten Zeit fertig. Ob er durch diese Unmöglichkeit rechtzeitiger Herstellung befreit wird, ist wie beim Kauf nach den Grundsätzen von Treu und Glauben und unter Berücksichtigung der Größe

---

118) Glaser, Einfluß S. 23.

119) Mot. II S. 305.

des Geschäfts zu beurteilen. Von einem kleinen Handwerker wird man nicht verlangen können, daß er einen neuen Gehilfen einstellt, um das Werk zu vollenden, das Gegenteil aber ist bei einer Fabrik oder einem anderen großen Unternehmen der Fall. Immer aber ist daran festzuhalten: „Die Erfüllung des Werkvertrags kann nicht einfach mit der Begründung verweigert werden, daß man bei ihr ‚Geld zusetzen' würde."[120])

Wird nun das Werk ganz oder teilweise nicht rechtzeitig fertiggestellt, so hat der Besteller gegenüber dem Unternehmer einen Anspruch auf Lieferung und die Einrede des nichterfüllten Vertrags gegen den Anspruch des Gegners (§§ 320 ff.). Ferner kann er ihm eine Nachfrist setzen (§ 634 I), damit er das Werk fertigstelle; mit Rücksicht auf die ganze Lage darf diese Frist aber nicht zu kurz bemessen werden. Nach deren fruchtlosem Ablauf kann dann der Besteller vom Vertrag zurücktreten. Einer Nachfriststellung bedarf es jedoch nicht, wenn die Vollendung des Werkes objektiv unmöglich ist — die erforderlichen Rohstoffe sind sämtlich von der Heeresverwaltung beschlagnahmt worden — oder der Unternehmer die Herstellung verweigert und endlich, wenn ein besonderes Interesse des Bestellers vorliegt — das Gemälde sollte ein Geburtstagsgeschenk werden — (§ 634 II).

Bei Geltendmachung dieser Rechte kommt es nicht darauf an, ob ein Verschulden des Unternehmers vorliegt oder ob er im Verzug ist. Es begründen auch Ereignisse, die eine rechtzeitige Herstellung unmöglich machen — Vernichtung der Fabrik durch feindliche Banden —, keine Ausnahme. Nur die Kriegsklausel vermag ihn jetzt zu schützen.

Wie beim Kauf, so muß auch beim Werkvertrag der Besteller das vertragsmäßig fertiggestellte Werk abnehmen, selbst wenn er einberufen wird. „Abnahme" bedeutet[121]) aber hier nicht die bloße tatsächliche Übernahme der Sache wie beim Kauf, sondern sie erfordert vielmehr, wie aus den Worten „Abnahme des vertragsmäßig hergestellten Werkes" hervorgeht, daß der Besteller bei und nach der Hinnahme ausdrücklich oder stillschweigend

[120]) Glaser, a. a. O. S. 23.

[121]) Sehr bestritten, vgl. dazu Staudinger, § 640 Anm. 2; Oertmann, § 640 Anm. 2.

zu erkennen gibt, daß er die Leistung als eine in der Hauptsache dem Vertrag entsprechende Erfüllung anerkenne[122]).

Bis zu diesem Augenblick der Abnahme trägt der Unternehmer die Gefahr, und der Besteller wird von der Entrichtung seiner Vergütung befreit, wenn das Werk — auch ohne Verschulden des Unternehmers — untergeht. Für den zufälligen Untergang und die zufällige Verschlechterung des vom Besteller gelieferten Stoffes ist er aber nicht verantwortlich. Diese Gefahr bleibt vielmehr auf dem Besteller lasten[123]).

Bei der Versendung des Werkes auf Verlangen des Bestellers findet die entsprechende Bestimmung beim Kauf (s. oben) Anwendung. Ist jedoch vor der Abnahme das Werk infolge einer vom Besteller für die Ausführung erteilten Anweisung untergegangen, verschlechtert oder unausführbar geworden, ohne daß den Unternehmer eine Schuld trifft — der Besteller fordert trotz der Verkehrsstockung die Absendung des Werkes —, so kann dieser eine der geleisteten Arbeit entsprechende Vergütung und Ersatz der Auslagen verlangen.

c) Werklieferungsvertrag.

Verpflichtet sich der Unternehmer, das Werk aus einem Stoffe herzustellen, den er sich erst verschaffen muß, so gilt als Grundsatz: Er muß dem Besteller die herzustellende Sache übergeben und das Eigentum daran verschaffen. Im übrigen ist zu unterscheiden, ob der Gegenstand des Werklieferungsvertrags eine vertretbare oder eine nicht vertretbare Sache bilde. Im ersteren Falle finden die Bestimmungen über den Kauf, im letzteren teils die über den Kauf, teils die über den Werkvertrag Anwendung (§ 651 BGB.).

4. Gesellschaftsvertrag.

Beim Gesellschaftsvertrag müssen wir die Einwirkungen des Krieges auf die Gesellschaft als solche und auf die einzelnen Gesellschafter unterscheiden.

Die Gesellschafter verpflichten sich durch den Gesellschaftsvertrag, die Erreichung eines gemeinsamen Zweckes, sei dieser

[122]) RGRKomm. § 640 Anm. 2; RGZ. 57 S. 338.

[123]) RGRKomm. § 640 Anm. 4.

wirtschaftlicher, ideeller oder sozialer Art, in der durch den Vertrag bestimmten Weise zu fördern. Ist dieser Zweck erreicht oder unerreichbar geworden, so endigt die Gesellschaft. Unerreichbar wird der Zweck aber nicht nur durch den Eintritt einer objektiven Unmöglichkeit, sondern auch schon dann, wenn die Schwierigkeiten so groß sind[124]), daß die Erreichung „in der vereinbarten Weise" nicht mehr möglich ist. Hat eine Gesellschaft sich die Verwertung eines Patentes in England zum Ziele gesetzt, so ist dieser Zweck unerreichbar geworden, einmal, da in England die deutschen Patente für ungültig erklärt wurden, zum anderen auch wegen der ungeheuren wirtschaftlichen Schwierigkeiten; denn da ein solcher Zweck fast durchweg seines Gewinnes wegen betrieben wird, ist seine Erreichung „in der vereinbarten Weise" nicht mehr möglich. Damit endigt die Gesellschaft.

Unberührt aber bleibt die Gesellschaft, wenigstens zunächst, selbst wenn alle Gesellschafter einberufen werden; braucht doch dadurch der erstrebte Zweck noch keineswegs unerreichbar geworden zu sein. Einen Endigungsgrund gemäß § 726 wird man aber annehmen müssen, wenn sich die Gesellschaft gegründet hat, z. B. um einen gewissen künstlerischen Zweck zu verfolgen, und gerade das geistige Oberhaupt der Gesellschaft eingezogen wird. Ist doch damit die Weiterführung des Zweckes auf eine so ungewisse Dauer verschoben, daß dies der Unmöglichkeit der Erreichung gleichgeachtet werden muß. Wie im allgemeinen, so setzt auch der Tod eines Gesellschafters auf dem Schlachtfelde der Gesellschaft ein Ende, es sei denn, daß im Vertrage etwas anderes bestimmt ist.

Wird gerade der Gesellschafter zum Kriegsdienst einberufen, dem durch den Vertrag die Befugnis zur Geschäftsführung übertragen worden war, so kann ihm diese nach § 712 wieder entzogen werden; denn die Unmöglichkeit, die Geschäfte für die Gesellschaft weiterzuführen, muß für diese als „wichtiger Grund" gelten.

Wir wenden uns nun den Gesellschaftern selbst zu und müssen vor allem ihr Kündigungsrecht einer Prüfung unterziehen. Der Gesellschafter kann die Gesellschaft jederzeit kündigen, wenn

[124]) Staudinger, § 726 Anm. 2.

sie für eine unbestimmte oder für Lebenszeit eingegangen ist, in allen anderen Fällen dagegen nur dann fristlos, wenn ein wichtiger Grund vorliegt (§ 723 BGB.). Als wichtiger Grund ist auch hier wieder ein solcher anzunehmen, der den Umständen des Falles nach die Kündigung rechtfertigt.

Wir sagten schon oben, daß gerade dieser Krieg ein ausgesprochen wirtschaftliches Gepräge trage und seine Einwirkungen auf das Wirtschaftsleben unermeßliche seien. So ist es denn nicht zu verwundern, daß der Krieg auch an den wirtschaftlichen Vereinigungen, den Kartellen, nicht spurlos vorübergegangen ist. Unter den vielen Formen und Gruppen[125]) dieser Unternehmerverbände sind nur einige für uns von Bedeutung, und zwar unter dem Gesichtspunkte des § 723 BGB. Die clausula rebus sic stantibus ist von unserem Recht nicht anerkannt. Von größter Wichtigkeit ist dies beim Kartellvertrag. Durch ihn schließen sich die verschiedenen Unternehmer der gleichen Geschäftszweige zusammen, sei es, um die Verkaufsbedingungen zu regeln (Konditionenkartelle), sei es zur Festsetzung gemeinsamer Verkaufspreise (Preiskartelle), sei es, daß die Gesamtgütererzeugung eingeschränkt (Kontingentierungskartelle) oder die Absatzgebiete abgeteilt werden sollen (Rayonnierungskartelle). Jeder Verstoß gegen die Vertragsbestimmungen wird mit hohen Vertragsstrafen geahndet. Es leuchtet ein, daß ein strenges Festhalten an den vertraglichen Vereinbarungen furchtbare Härten für die einzelnen Mitglieder sowohl wie für die Abnehmer im Gefolge haben kann. Nehmen wir z. B. ein Rayonnierungskartell der Eisenhüttenwerke an. Der Hütte H ist die Lieferung für England übertragen. Jeder einzelne Verstoß gegen diese Bestimmung, d. h. also jede Lieferung an einen Abnehmer in einem anderen Gebiete, das einer anderen Hütte Y als Absatzgebiet zugewiesen ist, wird mit 1000 M. Vertragsstrafe belegt. Da die Hütte H nach England jetzt nicht mehr liefern kann, so wäre sie geradezu verpflichtet, unendliche Mengen Vorrat anzuhäufen oder — ihren Betrieb zu schließen. Man könnte versucht sein, mit § 138 zu helfen; doch ist es fraglich, ob man so zum Ziele kommt. Die Hütte H hat vielleicht bisher mit England sehr gute Geschäfte

---

125) Vgl. dazu: Naumann, Neudeutsche Wirtschaftspolitik, 3. Aufl. S. 269.

gemacht, in der bloßen vertraglichen Beschränkung auf dieses Gebiet einen Verstoß gegen die guten Sitten erblicken zu woller, wäre sehr gewagt. Doch wir haben hier in § 723 eine scharfe Waffe gegen die Kartellgenossen, die auf der strengen Durchführung der Vertragsbestimmungen bestehen bleiben: die Kündigung aus wichtigem Grund. Auch das Reichsgericht hat mehrfach[126]) anerkannt, „daß bei einem Kartellvertrag nicht bloß auf die wirtschaftlichen Verhältnisse zur Zeit des Vertragsabschlusses Rücksicht zu nehmen sei, daß vielmehr auch die inzwischen vollzogene wirtschaftliche Entwicklung und Umwälzung zu berücksichtigen sei.“[127]) Unbezweifelbar ist dies[128]) bei den reinen Preis- und Konditionenkartellen. Man wird aber auch bei den Kontingentierungskartellen[128]) und meines Erachtens auch bei den Rayonnierungskartellen annehmen dürfen, daß hier § 723 angewandt werden kann. Das heißt zwar geradezu die clausula rebus sic stantibus in den Kartellvertrag hineintragen, aber sich wirtschaftlich und finanziell in den Fesseln des Kartellvertrags erdrosseln[129]) zu lassen, kann keinem Mitglied zugemutet werden.

Aber auch für den Abnehmer kann das Festhalten an den Kartellvertragsbestimmungen schwere Schäden nach sich ziehen. In vielen Konditionenkartellen ist den Mitgliedern die Lieferung nur gegen Barzahlung gestattet. Trotz der durch den Krieg wesentlich veränderten Wirtschaftslage haben diese meist an ihren Abmachungen festgehalten und es insbesondere ihren Mitgliedern unmöglich gemacht, „den Abnehmern durch Zahlungsaufschub oder durch Gestattung von Änderungen der einmal vereinbarten Lieferungen entgegenzukommen. Es sind auch Fälle bekannt geworden, in denen die bestehenden Konventionsbestimmungen aus Anlaß der derzeitigen Notlage verschärft wurden.“ So heißt es in einem an die Handelsvertretungen gerichteten Erlaß des Ministers für Handel und Gewerbe vom 30. August 1914[130]). Er droht ihnen darin mit gesetzlicher Regelung und „empfiehlt“ ihnen,

---

126) u. a. RGZ. 70 S. 165.

127) Lehmann, Industrierecht S. 31.

128) RGZ. 53 S. 19.

129) Lehmann, Industrierecht S. 31.

130) Abgedr. i. d. Korresp. d. Ältesten der Kaufmannschaft von Berlin, 1914 S. 251 ff.

wenn sie diese Lösung vermeiden wollten, die bestehenden Vertragsbedingungen nicht zu verschärfen, sondern Milderungen eintreten zu lassen in bezug auf die Zahlung und die Lieferung der noch „in Nota befindlichen Aufträge". Was nun, wenn ein Kartellmitglied zu diesen Milderungen bereit ist, das Kartell aber an seinen früheren Bestimmungen festhält? Hier dürfte es keinem Zweifel unterliegen, daß in der Handlungsweise des Kartells ein grober Verstoß gegen die guten Sitten zu erblicken ist. Der wirtschaftlich starke Verband sucht den unter der Not der Zeit schwer leidenden kleinen Abnehmer auszubeuten. Das macht die verschärfende Bestimmung nichtig, ja es kann sogar die Nichtigkeit des ganzen Kartellvertrages herbeiführen, wenn nicht anzunehmen ist, daß das Kartell auch unter Preisgabe der verschärfenden Bestimmungen seine Verträge abschließen würde (§ 139 BGB.).

C. Die Kriegsnotgesetze.

(Soweit sie für vorstehende Erörterungen von Bedeutung sind.)

1. Mietvertrag.

Wie oben erwähnt, hat der Krieg auf den Mietvertrag im allgemeinen keinen Einfluß. Die Pflichten der Vertragsparteien sind dieselben wie im Frieden. Leistet der eine Teil nicht, so kann der andere gerichtliche Hilfe gegen ihn in Anspruch nehmen. Doch hier greifen die Kriegsnotgesetze ein. Nach dem Gesetz, betr. den Schutz der infolge des Krieges an Wahrnehmung ihrer Rechte behinderten Personen, vom 4. August 1914 (RGBl. S. 328) wird in bürgerlichen Rechtsstreitigkeiten, die bei den staatlichen Gerichten anhängig sind oder anhängig werden, das Verfahren unterbrochen, wenn eine Partei zu den mobilen oder gegen den Feind verwendeten Teilen der Land- oder Seemacht oder zu der Besatzung einer armierten oder in der Armierung begriffenen Festung gehört, dienstlich aus Anlaß der Kriegführung sich im Ausland aufhält oder endlich als Kriegsgefangener oder Geisel sich in der Gewalt des Feindes befindet. Ist die Partei durch einen Prozeßbevollmächtigten vertreten, so wird das Verfahren nur auf dessen Antrag unterbrochen. Die Unterbrechung tritt ohne Rücksicht darauf ein, welcher Art der geltend gemachte Anspruch ist[131]), so daß also nicht nur Geldforderungen, sondern auch alle anderen Ansprüche in Frage kommen.

Auch für das Mietverhältnis zwischen Kläger und Kriegsteilnehmer ist das Gesetz von Bedeutung. Die Verfahren wegen Zahlung des Mietzinses und wegen der Räumung werden unterbrochen. Das ist unbestreitbar, wenn der Mietvertrag vom Kriegsteilnehmer abgeschlossen ist. Zweifelhaft aber ist es, ob trotzdem die Räumung von der Frau des Eingezogenen verlangt werden kann. Das ist jedoch zu verneinen. Nach § 656 BGB. kann zwar der Vermieter die Sache nach der Beendigung des Mietverhältnisses auch von dem Dritten zurückfordern, dem der Mieter den Gebrauch der Sache überlassen hat. Die Ehefrau kann aber in dieser Hinsicht nicht als „Dritter" gelten. Denn einmal sind die Ehegatten nach § 1353 einander zur ehelichen Lebensgemeinschaft verpflichtet, und sodann bestimmt gemäß § 1354 der Mann Wohnort und Wohnung. Daraus ergibt sich, daß die Ehegatten nur als „eine" Vertragspartei zu behandeln sind. Deshalb muß, wenn das Verfahren gegen den Mann unterbrochen wird, dies auch der Frau gegenüber gelten.

Wie aber, wenn sich die Räumungsklage gegen Eheleute als gemeinschaftliche Mieter richtet? Es erhebt sich hier zunächst die Frage, ob die Eheleute als notwendige Streitgenossen anzusehen sind. Sie muß aber verneint werden. Die Ehegatten sind hinsichtlich der Räumungsverpflichtung ohne Unterschied, ob die Herausgabe der Sache eine teilbare Leistung ist oder nicht[132]), als Gesamtschuldner anzusehen, gelten aber nicht als notwendige Streitgenossen[133]). An sich müßte die Kündigung, die ja Voraussetzung des Räumungsanspruchs ist, beiden Ehegatten gegenüber erklärt werden. Da dies bei dem im Felde stehenden Manne mit erheblichen Schwierigkeiten verknüpft ist, könnte man daran denken**), entweder die Schlüsselgewalt der Frau auch auf das Wohnungsmieten zu erstrecken oder sie als stillschweigende Bevoll-

---

[131]) Güthe, aaO., 1914 S. 744.

[132]) Staudinger, § 420 Anm. 2; Petersen, ZPO. 4. Aufl. § 62 Anm. 1.

[133]) RG. in JW. 1901 S. 514; RGZ. 59 S. 234. A. A.: Niendorf, aaO. § 61.

**) Flatow, JW. 1915 S. 75.

mächtigte ihres Mannes zu behandeln. Das erstere muß wohl abgelehnt werden; Mieten und Kündigen fällt nicht unter die Geschäfte, welche die Frau „innerhalb ihres häuslichen Wirkungskreises" (§ 1357 BGB.) für den Mann zu besorgen hat. Dagegen kann die Frau sehr wohl als Bevollmächtigte des Mannes gelten. Es kann Flatow nur zugestimmt werden, wenn er sagt: „Der Mann, der ausdrücklich oder dem Sinne nach der Frau beim Abschiede sagt oder nachträglich schreibt, sie solle nur ‚alles instandhalten', soll ‚sich um alles kümmern', alles ‚selbst erledigen', ohne ihm jede Kleinigkeit mitzuteilen, alles ‚mit dem Wirte besprechen', dieser Mann bevollmächtigt eben seine Frau". So wird denn auch der Frau allein gegenüber rechtsgültig gekündigt werden können. Zugleich hat das für sie selbst den großen Vorteil, daß sie nun auch allein den Mietvertrag lösen und sich eine kleinere Wohnung suchen kann. Tut sie das, so fällt das von ihr erworbene Mietrecht ins eingebrachte Gut und ist deshalb der Vollstreckung entzogen, solange nicht der Mann zur Duldung verurteilt ist. Wenn man aber die Frau als Bevollmächtigte ihres Mannes ansieht, so muß die Wohnung auch als für den Mann mitgemietet gelten[134]); hierdurch würde der Frau ein größerer rechtlicher Schutz gewährt.

Während sich das Gesetz vom 4. August nur auf die Kriegsteilnehmer beschränkt, will die Bekanntmachung über die gerichtliche Bewilligung von Zahlungsfristen vom 7. August 1914 (RGBl. S. 359) allen Beklagten helfen, wenn es sich um bürgerliche Rechtsstreitigkeiten handelt, die bei den ordentlichen Gerichten anhängig sind oder anhängig werden. Das Prozeßgericht kann auf Antrag des Beklagten eine mit der Verkündung des Urteils beginnende Zahlungsfrist von längstens drei Monaten festsetzen. Doch ist Vorbedingung, daß der Antrag durch die Lage des Beklagten gerechtfertigt ist und die Zahlungsfrist dem Kläger keinen unverhältnismäßigen Nachteil bringt. Außerdem muß die Forderung schon vor dem 31. Juli 1914 als Geldforderung oder als solche, die im Falle ihrer Nichterfüllung in eine Geldforderung übergeht[135]), entstanden sein. Auf die Fälligkeit dagegen

---

[134]) Ebenso Flatow, JW. 1915 S. 77.

[135]) Güthe, aaO. S. 752.

kommt es nicht an. Der Anspruch auf den Mietzins entsteht, wie schon erwähnt, nicht schon mit dem Vertragsabschluß, sondern mit jedem Tage von neuem. Deshalb kann auch für den bis zum 31. Juli entstandenen Mietzins eine Zahlungsfrist bewilligt werden.

Es ist die Frage aufgeworfen worden, weshalb die Bekanntmachung gerade die bis zum 31. Juli, nicht aber bis zum 1. August entstandenen Forderungen berücksichtigt habe; man fand es unbillig, den letzten Tag des Juli anders zu behandeln als die vorhergehenden. Doch hat das seinen bestimmten Grund. Am 31. Juli wurde über das Reichsgebiet der Kriegszustand verhängt. „Wenn jemand nach diesem Zeitpunkt eine Verpflichtung übernimmt, so kann er sich nicht darauf berufen, daß es ihm infolge der durch den Krieg hervorgerufenen wirtschaftlichen Veränderungen nicht möglich sei, diese Verpflichtung rechtzeitig zu erfüllen. Denn schon bei der Übernahme der Verpflichtung war ihm die Schwierigkeit der wirtschaftlichen Lage bekannt. Hat dagegen jemand vor dem 31. Juli 1914 eine Verpflichtung übernommen, so kann er dabei den Kriegszustand und die durch ihn geschaffene Umgestaltung der wirtschaftlichen Verhältnisse nicht in Rechnung stellen. Nur für derartige Schulden bedarf es daher der Schaffung einer besonderen Vergünstigung."[136]) Auf jeden Fall aber muß die Lage beider Parteien berücksichtigt werden; denn es ist zu bedenken, daß auch der Kläger meist wieder an andere zahlen muß und durch die Fristbewilligung in seiner Geldbereitschaft geschwächt wird.

Wie eine vom Gläubiger bewilligte Frist die Folgen der nicht rechtzeitigen Zahlung für die Zukunft aufhebt, so auch die vom Gericht bewilligte, die der ersteren rechtlich gleichsteht. Wie ist es aber mit den bereits eingetretenen Folgen zu halten? Hierauf gibt uns die Bekanntmachung über die Folgen der nicht rechtzeitigen Zahlung einer Geldforderung vom 18. August 1914 (RGBl. S. 377) die Antwort. Ihr zufolge kann auf Antrag des Schuldners, auch wenn dieser nicht zu den Kriegsteilnehmern gehört, das Prozeßgericht anordnen, daß die besonderen Rechtsfolgen, die wegen der Nichtzahlung oder der nicht rechtzeitigen

---

[136]) Güthe a. a. O. S. 753.

Zahlung einer vor dem 31. Juli 1914 entstandenen Geldforderung — nach Gesetz oder Vertrag — eingetreten sind oder eintreten, als nicht eingetreten gelten; auch kann das Gericht bestimmen, daß die Folgen nur unter gewissen Bedingungen, „insbesondere erst nach dem fruchtlosen Ablauf einer auf höchstens drei Monate zu bemessenden Frist" eintreten. Doch ist immer vorausgesetzt, daß die Grundverpflichtung, infolge deren Nichterfüllung oder nicht rechtzeitiger Erfüllung die Folgen erst eintreten, bereits vor dem 31. Juli 1914 begründet ist, die Folgen dagegen nach dem 30. Juli 1914 eingetreten sind oder eintreten[137]).

Lebhaft gestritten wird über die „besonderen" Rechtsfolgen. Die einen[138]) setzen sie in Gegensatz zu den „allgemeinen" und wollen deshalb z. B. die wichtigen Verzugsfolgen nicht unter die Verordnung fallen lassen. Sie folgern aus den beigefügten Beispielen des Bundesrats: Verpflichtung zur Räumung wegen Nichtzahlung des Mietzinses, Fälligkeit des Kapitals wegen Nichtzahlung von Zinsen usw., daß das Wort „besondere" „mit Vorbedacht gewählt"[139]) sei. Im Gegensatz zu ihnen behauptet Güthe[140]): „Der Gegensatz zu den ‚besonderen Rechtsfolgen' besteht darin, daß der Gläubiger infolge der Nichtzahlung der Geldforderung das Recht auf zwangsweise Durchführung seiner Forderung erlangt." Danach würden auch die Verzugszinsen vom Richter berücksichtigt werden können. Diese Ansicht wird man als die billigere bezeichnen müssen. Das Wort „besondere" hat nicht die Bedeutung, die ihm von einigen beigelegt wird; es hätte ebensogut wegbleiben können. Allerdings wird durch diese Auslegung dem Richter eine sehr große Macht gegeben, worauf besonders Striemer hinweist. Aber es darf auch angenommen werden, daß dies die Absicht des Gesetzgebers war; denn nur dadurch allein kann möglichst vielen notleidenden Schuldnern geholfen werden.

Handelt es sich nun um einen Mietvertrag, so kann, je nach-

---

137) Ebenso Güthe a. a. O. S. 760.

138) Kaufmann, JW. 1914 S. 812; Freiesleben, DJZ. 1914 S. 1157; Striemer, JW. 1914 S. 850; Sieskind, JW. 1914 S. 903.

139) Striemer, JW. 1914 S. 850.

140) a. a. O. S. 760.

dem Gegenstand des Rechtsstreits die fällige Mietzinsforderung oder der Anspruch auf Räumung oder beides gemeinsam ist, vom Gericht eine Zahlungsfrist bewilligt oder die Verpflichtung zur Räumung als nicht eingetreten erklärt oder beides zugleich angeordnet werden.

Wir gedenken hier auch der Bekanntmachung des Reichskanzlers vom 15. Dezember 1914 (RGBl. S. 511). Bestehen im Bezirk einer Gemeindebehörde Einigungsämter, z. B. Mietseinigungsämter, so haben gemäß § 2 der Bek. Mieter und Vermieter auf Erfordern des Einigungsamtes vor diesem zu erscheinen und können sogar durch eine einmalige Ordnungsstrafe von 100 M. dazu gezwungen werden. Sie haben über die für die Vermittelung erheblichen Tatsachen Auskunft zu geben und können bei wissentlich falscher Angabe mit einer Geldstrafe bis zu 1000 M. belegt werden. Es wäre nur zu wünschen, wenn nun auch die Mieteinigungsämter gesetzlich eingeführt würden. Ihr Segen würde sich in einer so schweren Zeit wie der jetzigen erst recht zeigen[141]).

2. Kauf.

Auch für den Kauf sind das Gesetz vom 4. August und die Bundesratsverordnungen vom 7. und 18. August 1914 von größter Bedeutung, besonders auch hinsichtlich des Verzugs. § 326 BGB. wird hier aber nur dann in Betracht kommen[142]), wenn der Grundanspruch in einer Geldforderung besteht; denn nur auf diese bezieht sich die Verordnung. Ebenso gehören die Abzahlungsgeschäfte hierher. Will der Verkäufer wegen Nichtleistung der vom Käufer zu bewirkenden Teilzahlungen vom Vertrag zurücktreten, so kann der Richter dies verhindern.

Wichtig für die Zahlungsverbindlichkeiten beim Kauf sind ferner die Bundesratsverordnungen vom 6. und 29. August 1914, durch welche die Fristen des Wechsel- und Scheckrechts verlängert werden.

---

141) Vgl. dazu: Schulz, Das Mietseinigungsamt, G.- u. KG. XX Nr. 1.

142) Ebenso Güthe a. a. O. S. 760. A. A.: Kipp, DJZ. 1914 S. 1030, der den § 326 stets, Kaufmann, JW. 1914 S. 812, der ihn niemals hierher rechnet.

Für die Waren selbst kommen die Aus- und Durchfuhrverbote und die Verbote über die Verwendung der für das Heer notwendigen Gegenstände vom 31. Juli 1914 in Betracht.

3. Dienstvertrag.

Er wird berührt von der schon oben erwähnten Verordnung vom 10. September 1914 über die Wettbewerbsklausel der Handlungsgehilfen und von dem Gesetz, betr. Ausnahmen von den Beschäftigungsbeschränkungen gewerblicher Arbeiter, vom 4. August 1914 (RGBl. S. 333). Danach kann für die Dauer des Krieges der Reichskanzler allgemein oder für bestimmte Bezirke oder für bestimmte Arten von Anlagen und, soweit er nicht Bestimmungen erläßt, die höhere Verwaltungsbehörde auf Antrag Ausnahmen gestatten von den Beschränkungen der Arbeitszeit der Kinder (§ 135 GO.), jugendlichen Arbeiter (§ 136 GO.) und der Arbeiterinnen (§ 137 GO.), und zwar für die letzten beiden Gruppen auch bei Beschäftigung außerhalb des Betriebs, wenn die Beschäftigung im Betrieb selbst nur „eine kürzere Zeit" des Tages in Anspruch nimmt (§ 137a II GO.). Entsprechend wird dies auf die in § 154a GO. genannten Besitzer und Arbeiter von Bergwerken, Salinen, Aufbereitungsanstalten und unterirdisch betriebenen Brüchen oder Gruben angewandt. Und ebenso können Ausnahmen von den auf Grund der §§ 120e, 120f, 139a GO. vom Bundesrat erlassenen Bestimmungen zugelassen werden.

4. Gesellschaft.

Hier bestimmen die Bundesratsverordnungen vom 19. August und 25. September 1914, daß sowohl die inländischen Gesellschaften, welche die Befriedigung des aus Anlaß des gegenwärtigen Krieges hervortretenden geschäftlichen Kreditbedürfnisses bezwecken, als auch die, welche die Befriedigung eines wirtschaftlichen Kreditbedürfnisses oder die Beschaffung, Verteilung und Verwertung von Rohstoffen für die Landesverteidigung zum Zweck haben, von der Reichsstempelabgabe befreit sind.

Den schönsten Sieg in diesem Kriege durfte das deutsche Volk in der Reichstagssitzung vom 4. August erleben, in der unser Kaiser das denkwürdige Wort sprach:

Ich kenne keine Parteien mehr, ich kenne nur Deutsche.

Und die herrliche Einigkeit der deutschen Volksvertreter zeigte sich auch in den gesetzgeberischen Arbeiten dieses Tages. In etwa einer Viertelstunde wurden 17 Gesetze in allen drei Lesungen erledigt, darunter auch das wichtige Nr. 4436, auf dessen § 3:

„Der Bundesrat wird ermächtigt, während der Zeit des Krieges diejenigen gesetzlichen Maßnahmen, welche sich zur Abhilfe wirtschaftlicher Schädigungen als notwendig erweisen, anzuordnen",

die meisten nachfolgenden Bundesratsverordnungen beruhen.

Der leitende Gedanke bei all den Kriegsnotgesetzen war, die im Gefolge des Krieges auftretenden Notlagen zu mildern oder zu beseitigen. Daß sich hierbei auch manche Mängel gezeigt haben, worauf besonders Eckstein[143]) hinweist, kann nicht geleugnet werden. Näher hierauf an dieser Stelle einzugehen, würde aus dem Rahmen unserer Betrachtungen herausfallen. Es genügt uns, festzustellen, daß die Notgesetze im allgemeinen ihren Zweck erfüllen und daß unser gesamtes Rechtswesen in trefflicher Weise gezeigt hat, daß es selbst den größten und unerwarteten Schwierig- gegenüber gewachsen ist.

143) „Wie bewähren sich die Notgesetze?" im Sächs. A. f. Rpfl. 1914 S. 497.

Druck von A. W. Hayn's Erben (Curt Gerber), Potsdam.

FSC
www.fsc.org
MIX
Papier | Fördert
gute Waldnutzung
FSC® C083411

Kolibri 360 GmbH
Ferdinand-Jühlke-Straße 7
99095 Erfurt, Deutschland
produktsicherheit@kolibri360.de